DDV EDITION

S. Rödel / J. Ludewig

WANDERBUCH

Sächsische Ausblicke

DDV EDITION

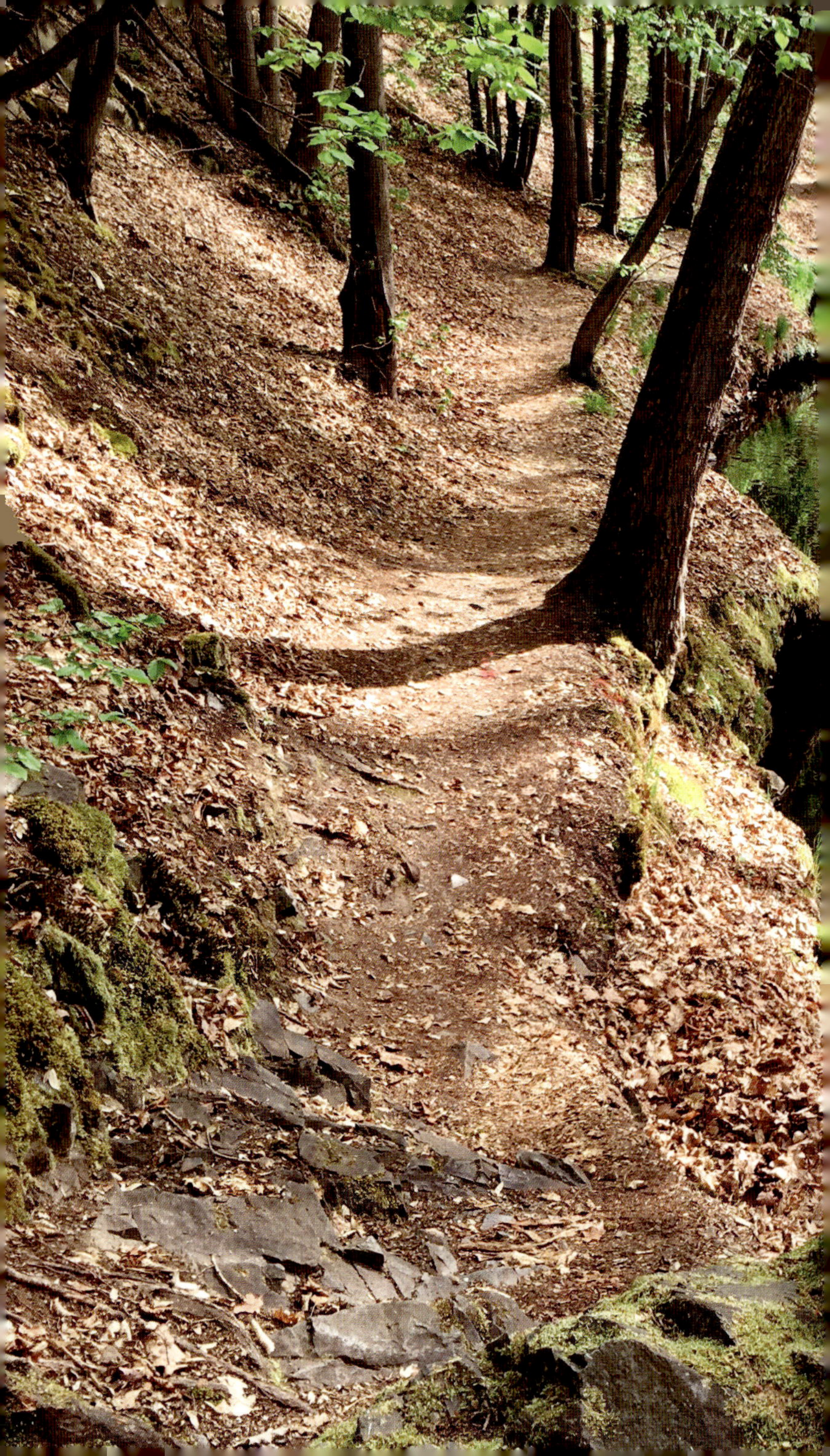

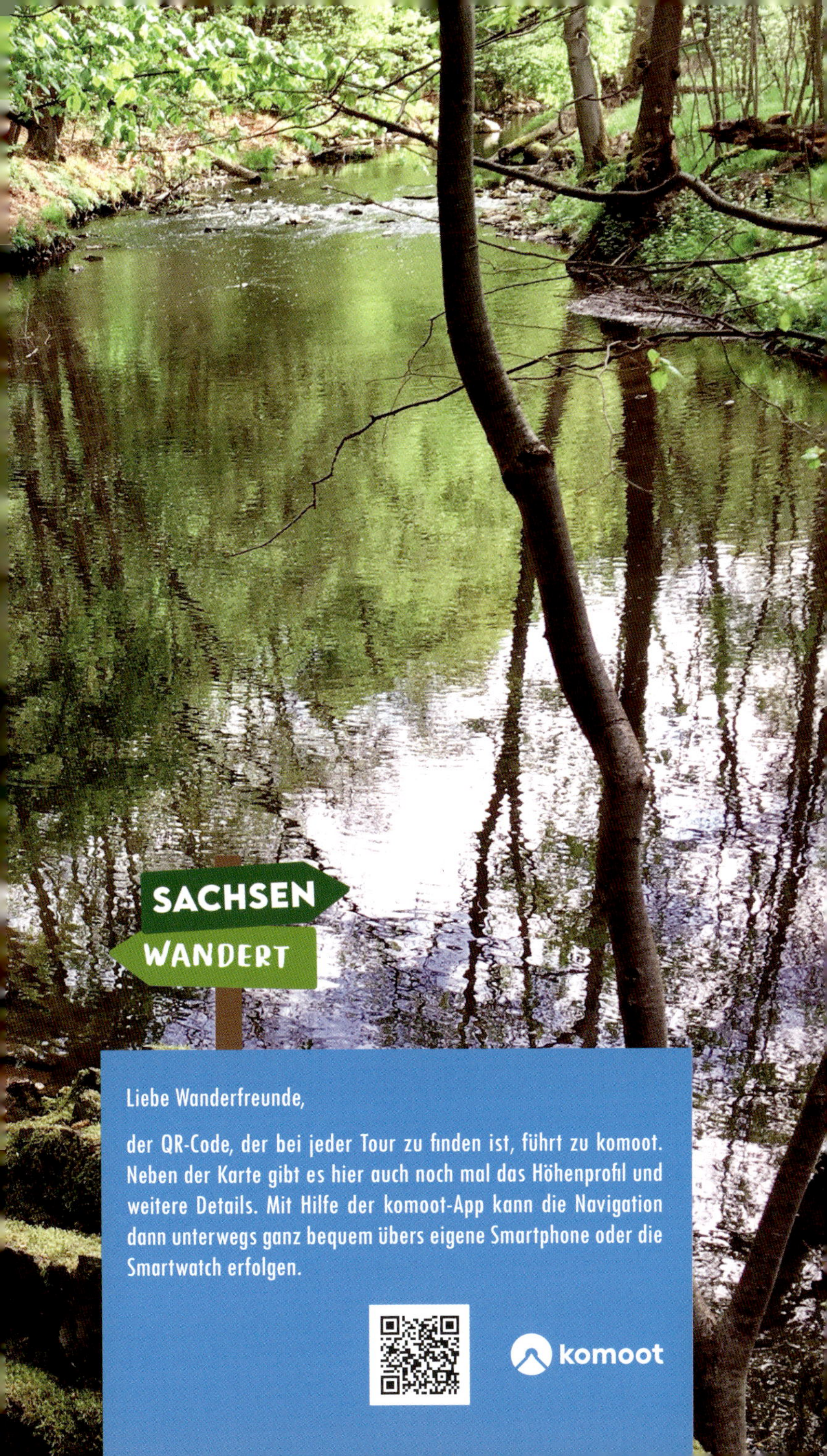

Liebe Wanderfreunde,

der QR-Code, der bei jeder Tour zu finden ist, führt zu komoot. Neben der Karte gibt es hier auch noch mal das Höhenprofil und weitere Details. Mit Hilfe der komoot-App kann die Navigation dann unterwegs ganz bequem übers eigene Smartphone oder die Smartwatch erfolgen.

SÄCHSISCHE AUSBLICKE

Die 20 schönsten Wandertouren in der Heimat

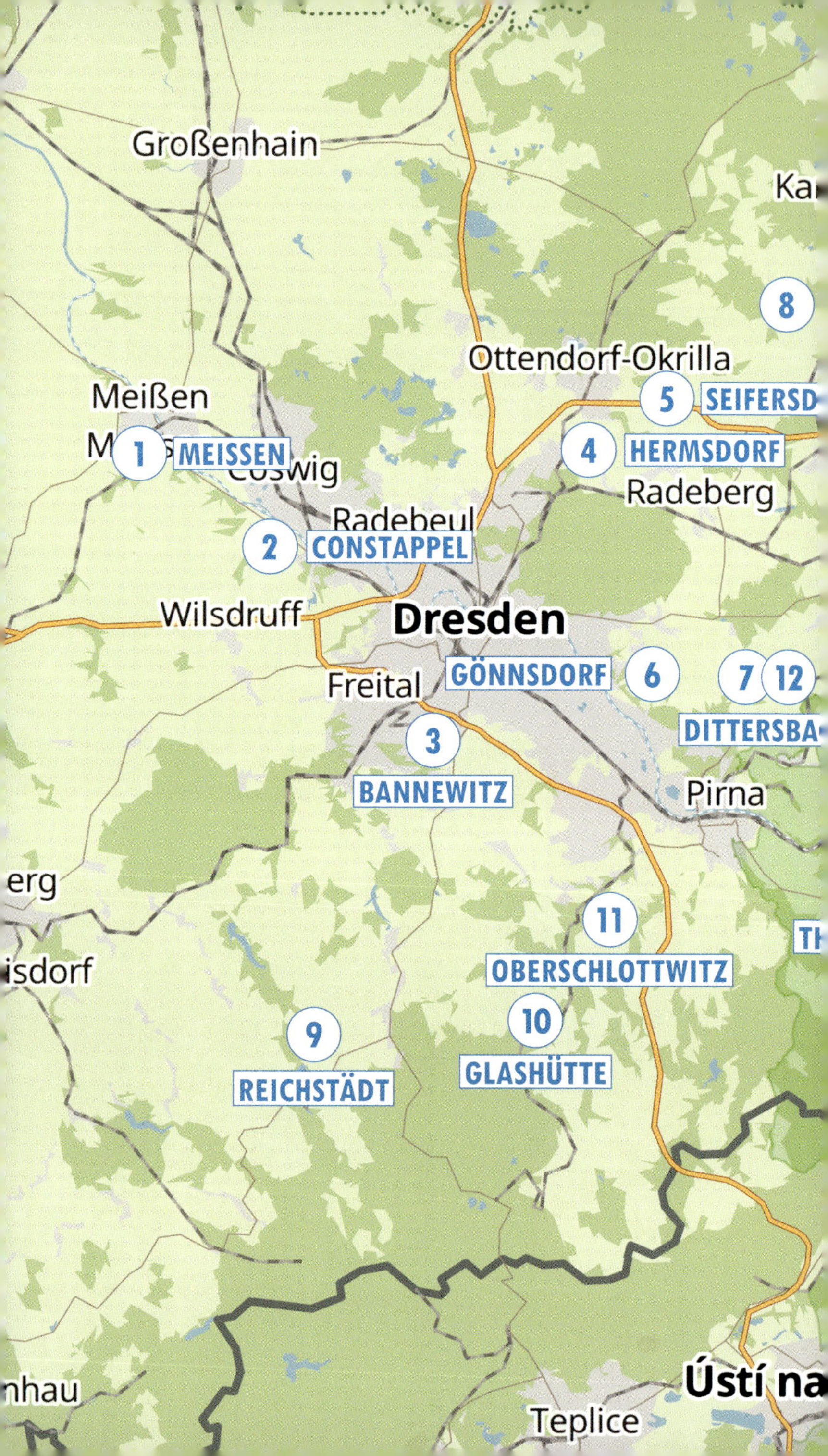
Großenhain
Ka
8
Ottendorf-Okrilla
5 SEIFERSD
Meißen
1 MEISSEN
4 HERMSDORF
Coswig
Radeberg
Radebeul
2 CONSTAPPEL
Wilsdruff
Dresden
GÖNNSDORF 6
7 12
Freital
DITTERSBA
3
BANNEWITZ
Pirna
erg
11
isdorf
OBERSCHLOTTWITZ
10
9
GLASHÜTTE
REICHSTÄDT
nhau
Ústí na
Teplice

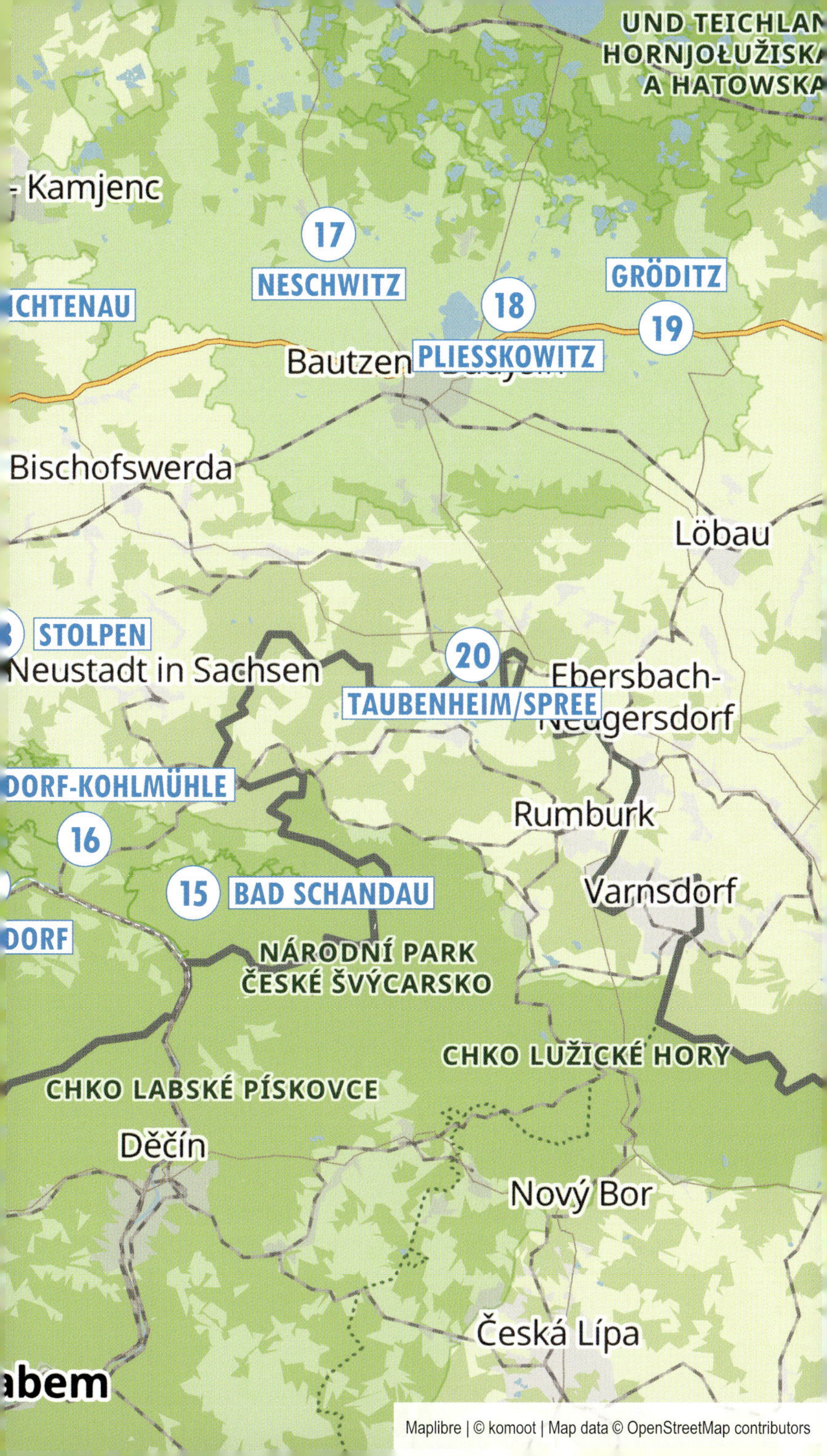

UND TEICHLAN
HORNJOŁUŽISK
A HATOWSKA
Kamjenc
17
NESCHWITZ
ICHTENAU
18
GRÖDITZ
19
Bautzen
PLIESSKOWITZ
Bischofswerda
Löbau
STOLPEN
Neustadt in Sachsen
20
Ebersbach-
TAUBENHEIM/SPREE
Neugersdorf
DORF-KOHLMÜHLE
Rumburk
16
15
BAD SCHANDAU
Varnsdorf
DORF
NÁRODNÍ PARK
ČESKÉ ŠVÝCARSKO
CHKO LUŽICKÉ HORY
CHKO LABSKÉ PÍSKOVCE
Děčín
Nový Bor
Česká Lípa
abem
Maplibre | © komoot | Map data © OpenStreetMap contributors

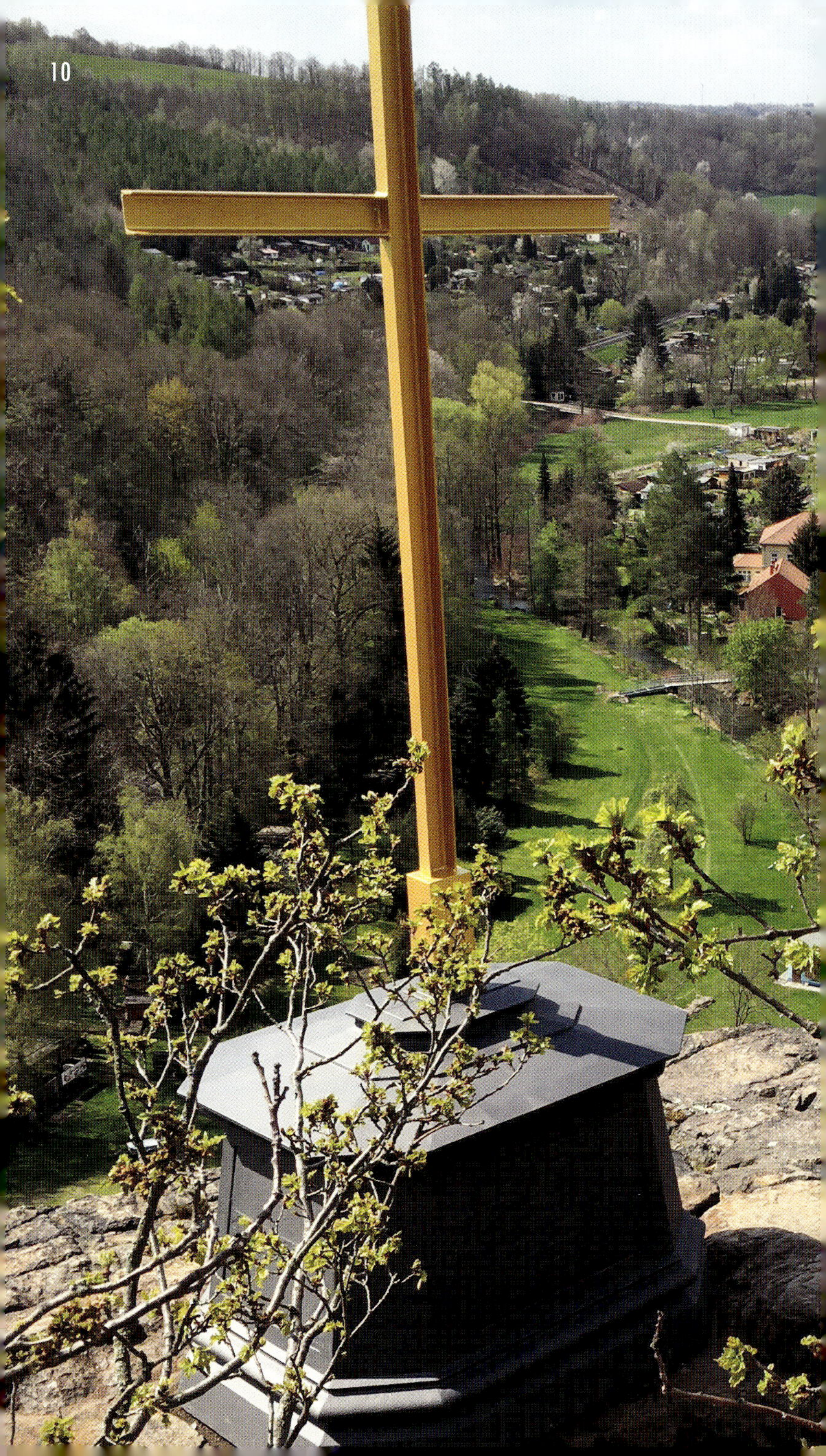

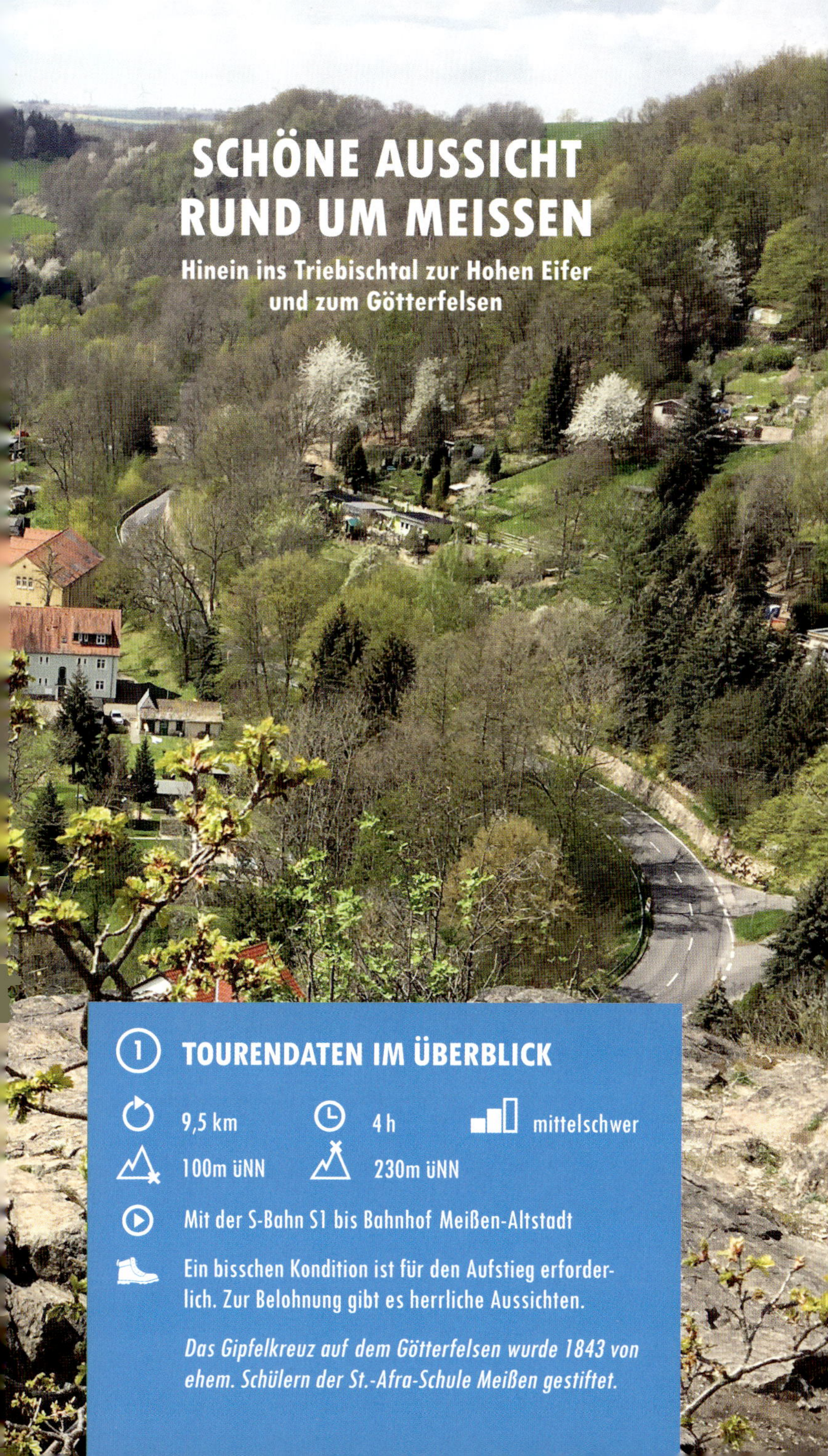

SCHÖNE AUSSICHT RUND UM MEISSEN

Hinein ins Triebischtal zur Hohen Eifer und zum Götterfelsen

1 TOURENDATEN IM ÜBERBLICK

9,5 km | 4 h | mittelschwer

100m üNN | 230m üNN

Mit der S-Bahn S1 bis Bahnhof Meißen-Altstadt

Ein bisschen Kondition ist für den Aufstieg erforderlich. Zur Belohnung gibt es herrliche Aussichten.

Das Gipfelkreuz auf dem Götterfelsen wurde 1843 von ehem. Schülern der St.-Afra-Schule Meißen gestiftet.

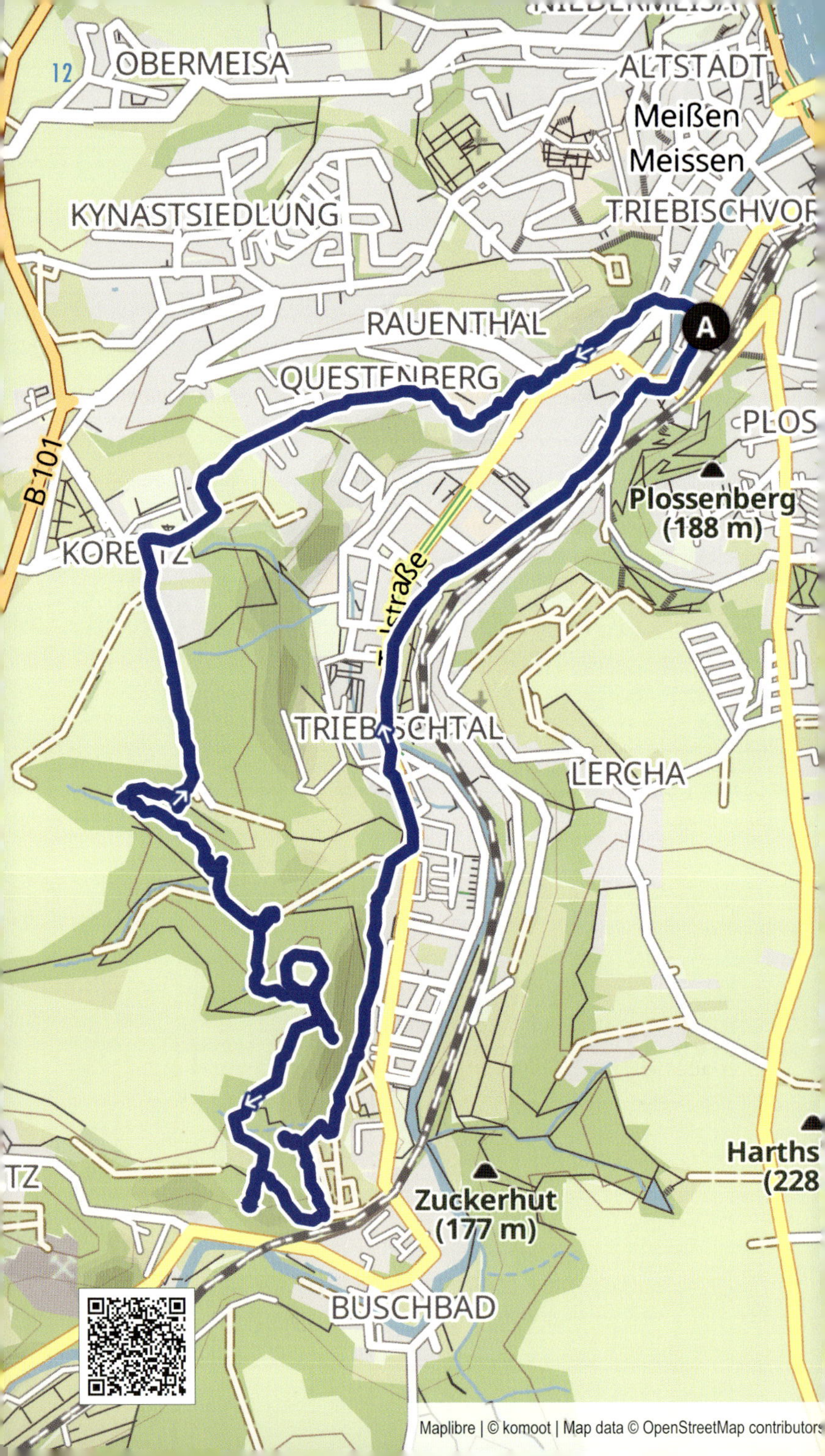
12
OBERMEISA
ALTSTADT
Meißen
Meissen
KYNASTSIEDLUNG
TRIEBISCHVOR
RAUENTHAL
A
QUESTENBERG
PLOS
B 101
Plossenberg
(188 m)
KORE TZ
TRIEBISCHTAL
LERCHA
Zuckerhut
(177 m)
Harths
(228
BUSCHBAD
Maplibre | © komoot | Map data © OpenStreetMap contributors

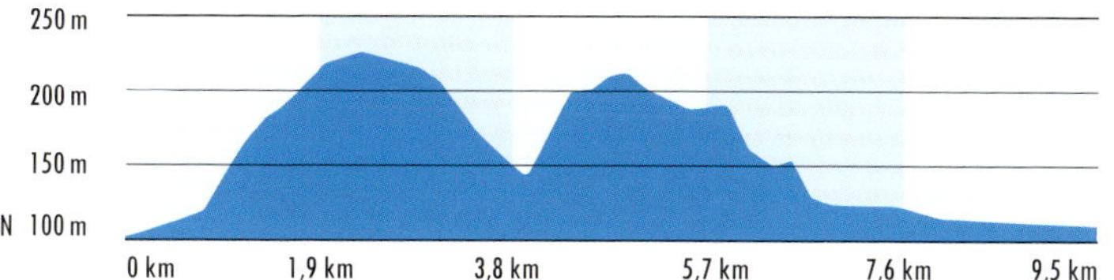

SCHÖNE AUSSICHT RUND UM MEISSEN

Start der Wanderung ist am S-Bahnhof Meißen Treibischtal. Wer mit dem Auto anreist, findet hier auch reichlich Parkplätze. Der Weg führt vorbei an der berühmten Staatlichen Porzellan-Manufaktur Meissen, den Questenberger Weg hinauf nach Korbitz. Hier bietet sich die erste tolle Aussicht, in diesem Fall nach Meißen zur Albrechtsburg. In Korbitz biegt die Tour links ab auf den Kanonenweg. Bis hier hin ist es unterwegs bei sonnigem Wetter recht schattenarm. Doch nun geht es hinein in die Garsebacher Schweiz und bewaldetes Gebiet mit Eichen und Weißbuchen. An einem kleinen Parkplatz in der Nähe der Kleingartenanlage Stadtblick geht rechts der blau markierte Weg ab. Diesem folgt die Wanderung bis zu einer Weggabelung. Hier gibt es eine grüne Variante, die ebenfalls zur Hohen Eifer führt, jedoch noch etwas anspruchsvoller ist. Unsere Strecke führt weiter über den Naturlehrpfad, bergab Richtung Gainitzbach. Hier ist auch ein kleiner, überdachter Rastplatz. Daran führt der Weg vorbei und etwa 150 Meter rechts, hinauf zur Hohen Eifer. Eine Umrundung des 214 Meter hohen Berges lohnt sich nicht unbedingt. Stattdessen geht es weiter zum Aussichtspunkt „Schöne Aussicht“. Von hier aus bietet sich ein schöner Blick auf Meißen sowie ins Triebischtal mit dem Zuckerhut und der Huttenburg.

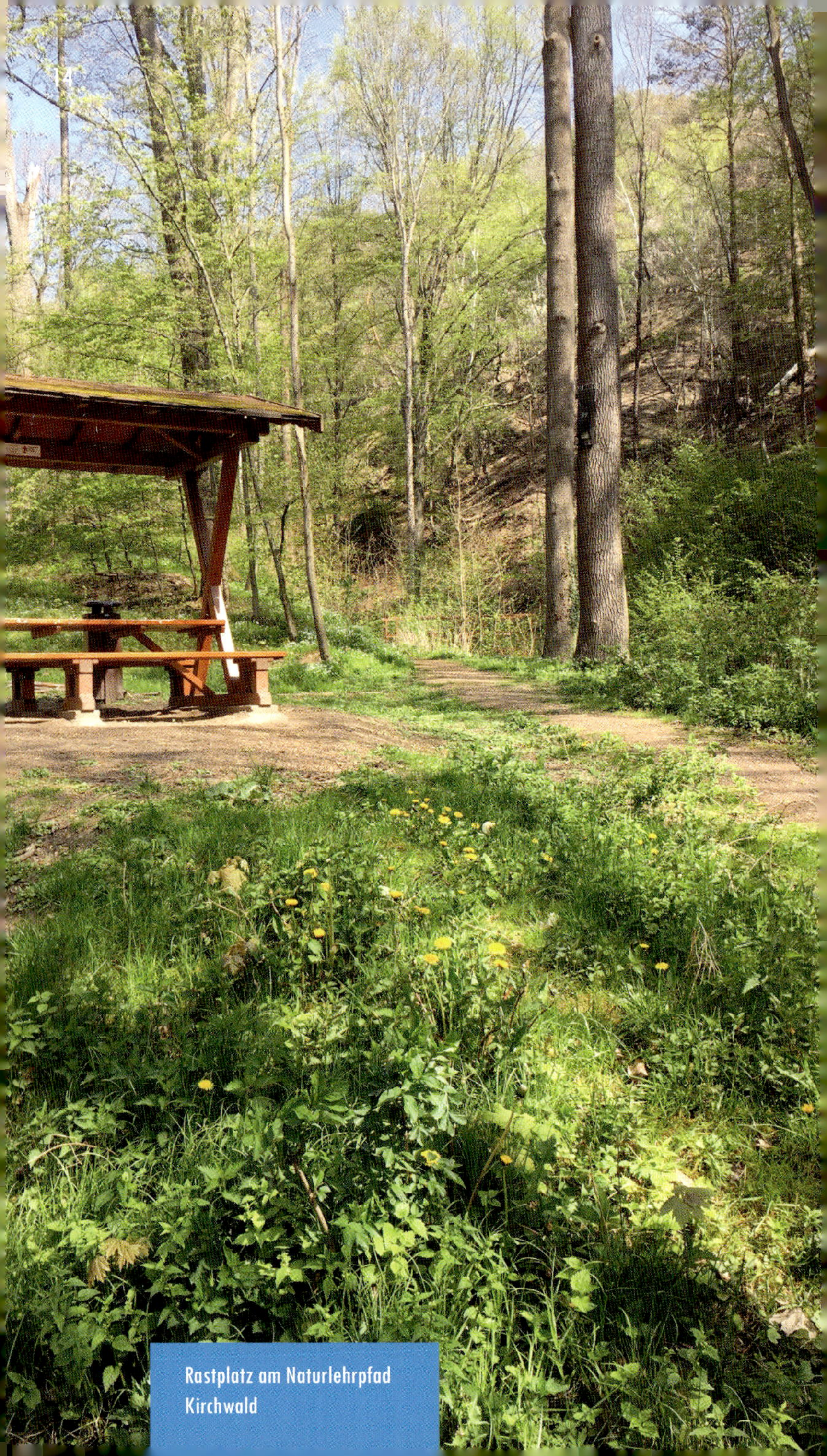

Rastplatz am Naturlehrpfad Kirchwald

HOHE FELSEN UND MALERISCHE WÄLDER

Die Tour führt ein kleines Stück zurück und dann links weiter durch den Stadtwald bis zur nächsten Aussicht auf dem Götterfelsen. Sein Gipfelkreuz ist ein beliebtes Fotomotiv und wurde 1843 zur Erinnerung an die Gründung der Sankt-Afra-Schule errichtet. Der gusseiserne Sockel wurde 2019/2020 restauriert, da er im Laufe der Zeit durch Risse sowie Schmierereien und Graffiti in Mitleidenschaft gezogen wurde. Das Felsenplateau wird auch gerne als Picknickplatz genutzt. Wer mag, kann sich dabei in die „Buschnovelle" des Schriftstellers Otto Ludwig vertiefen. Er lebte und schrieb Mitte des 19. Jahrhunderts in Meißen und entdeckte dort seine Liebe zum Triebischtal. In der 1846 erschienenen Erzählung „Buschnovelle" lässt er seine Hauptfiguren ebenfalls den Götterfelsen besteigen.

Vom Götterfelsen führt die Wanderung nun wieder ein kleines Stück hinab und dann rechts weiter oberhalb der Kleingartenanlage Götterfelsen. Dort, wo der Weg rechts an der Kleingartenanlage weiterführt, biegt die Tour nun links ab zum Königsee, der etwas versteckt liegt. Dieser alte Pechsteinbruch ist ein sogenannter Himmelsteich, ein Weiher, der durch keinen Zustrom gespeist wird, sondern sein Wasser nur durch Grundwasser und Niederschläge erhält. Mit etwas Glück können hier Feuersalamander und Molche beobachtet werden.

Von hier aus führt die Tour nun auf dem Naturlehrpfad Stadtwald weiter bis auf die Straße „An der Hohen Eifer". Nach dem Überqueren der Hauptstraße geht es entlang der Triebisch bis zum Ausgangspunkt zurück.

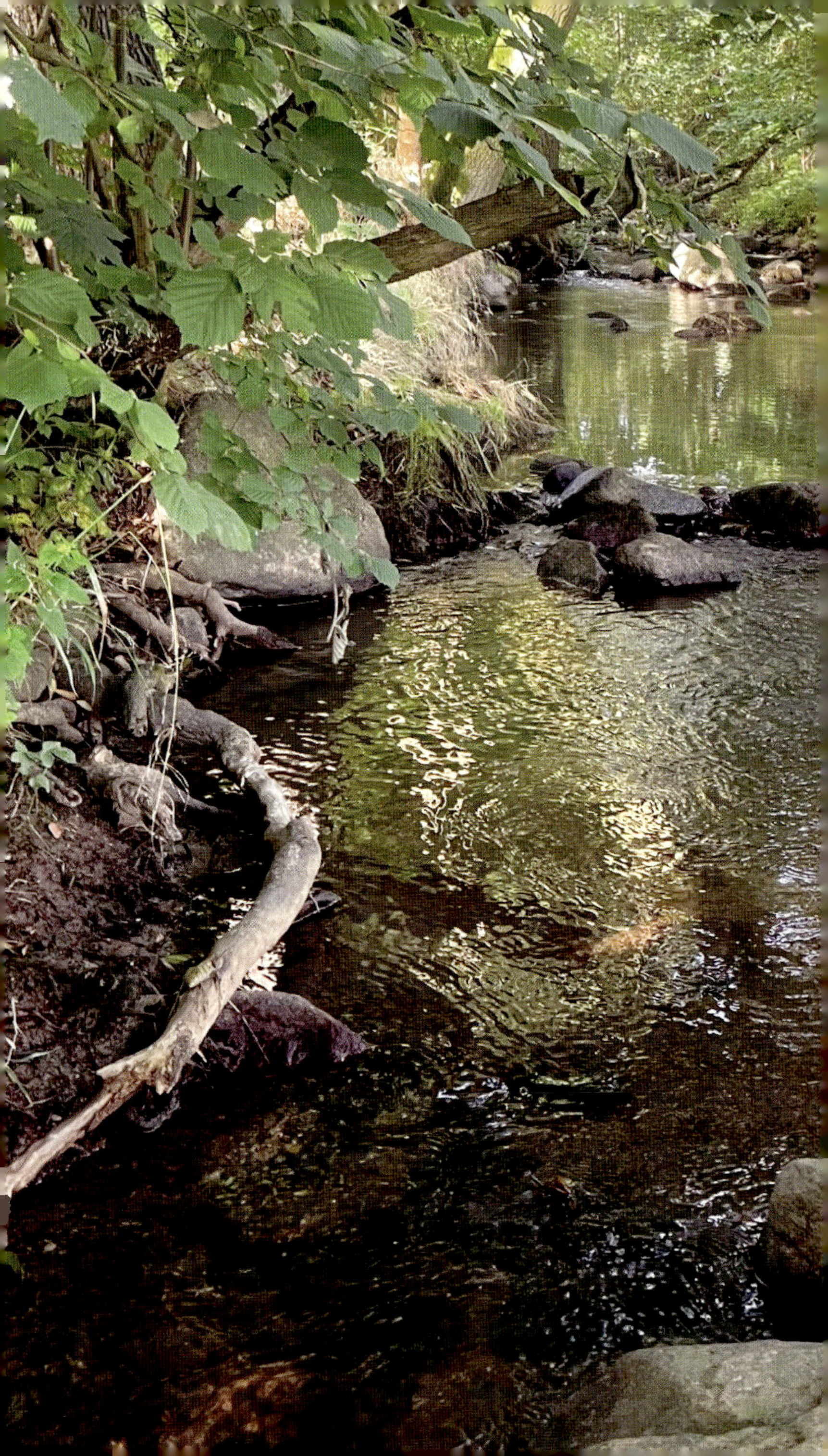

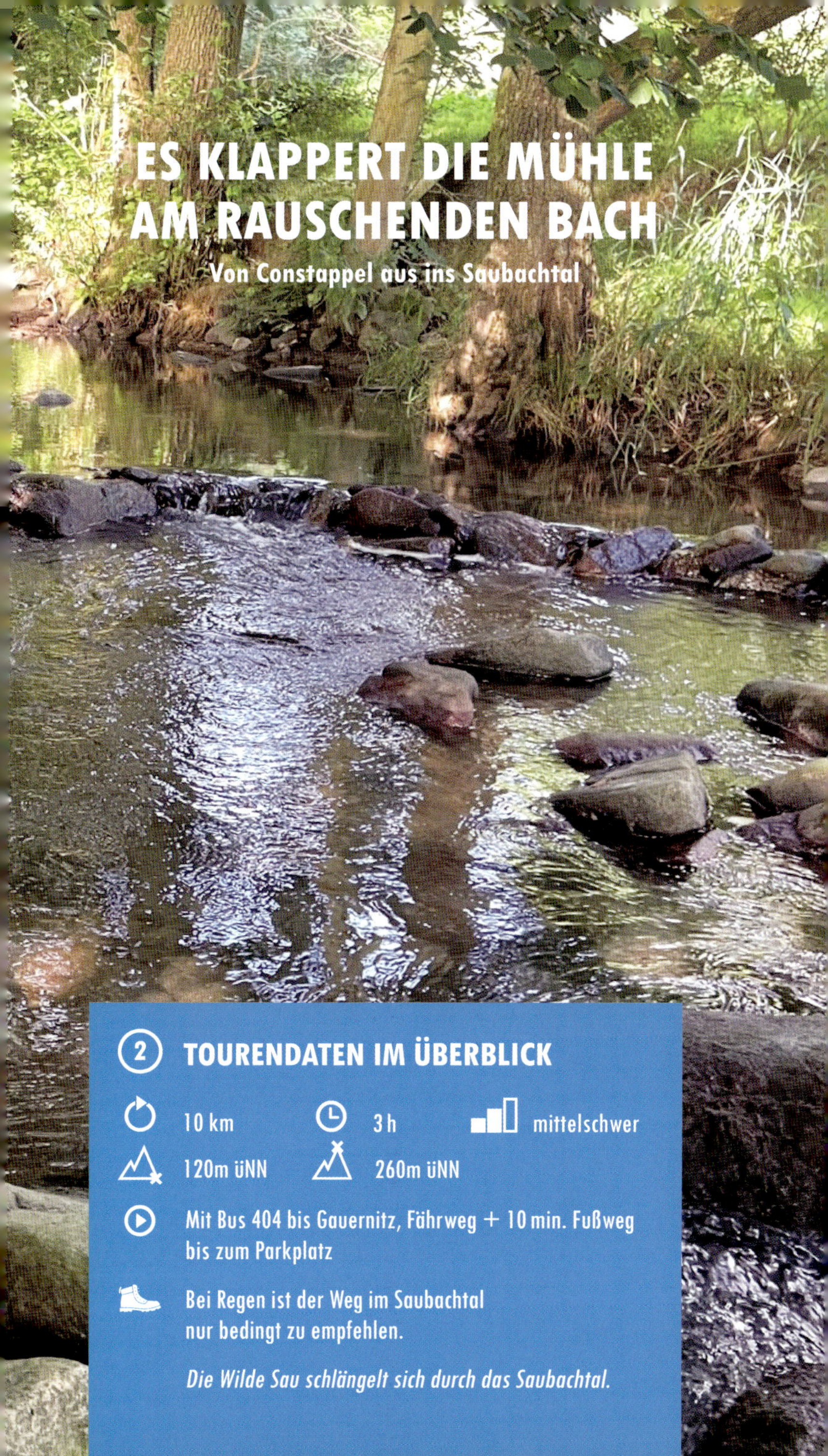

ES KLAPPERT DIE MÜHLE AM RAUSCHENDEN BACH

Von Constappel aus ins Saubachtal

2 TOURENDATEN IM ÜBERBLICK

10 km | 3 h | mittelschwer

120m üNN | 260m üNN

Mit Bus 404 bis Gauernitz, Fährweg + 10 min. Fußweg bis zum Parkplatz

Bei Regen ist der Weg im Saubachtal nur bedingt zu empfehlen.

Die Wilde Sau schlängelt sich durch das Saubachtal.

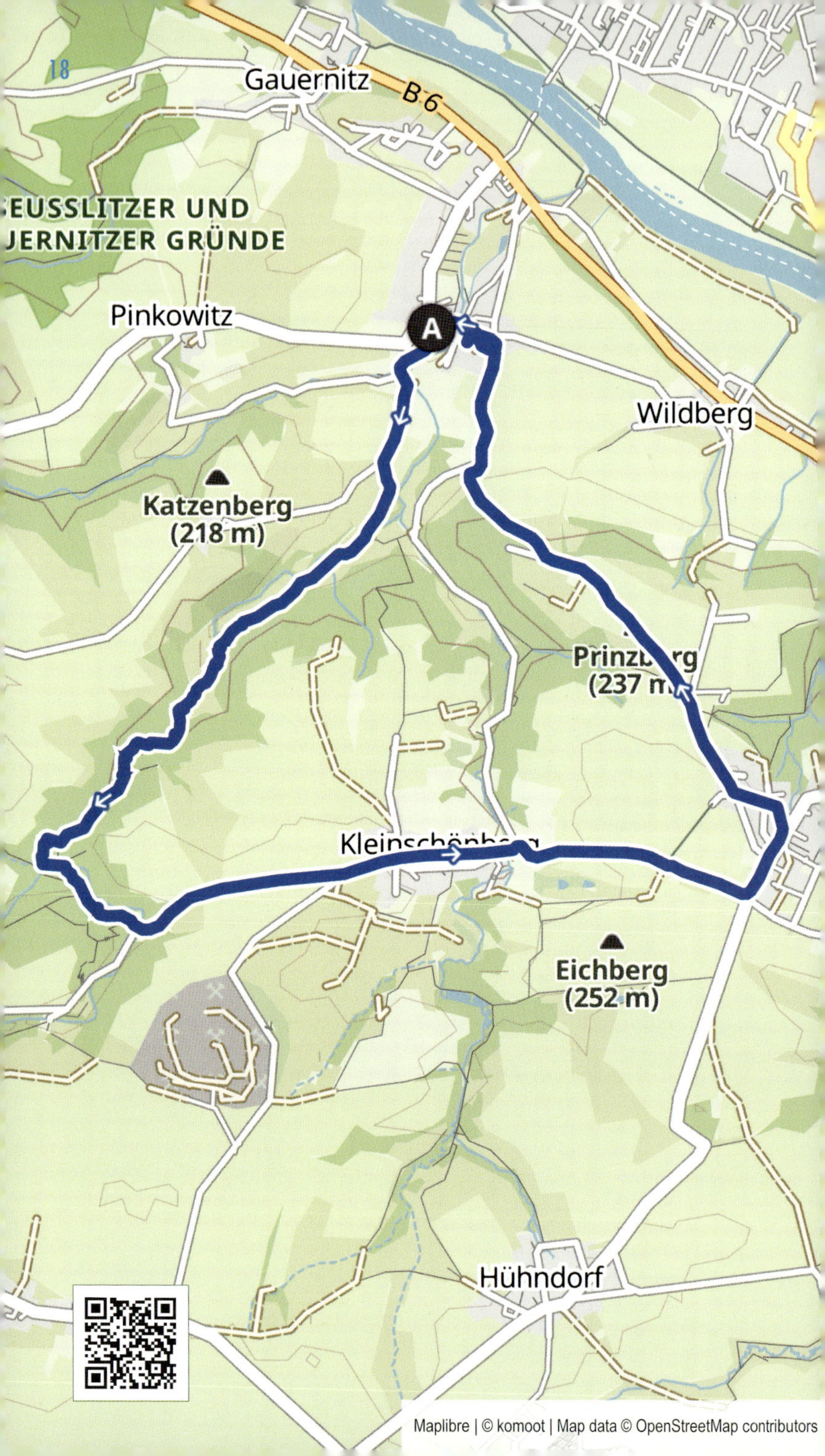
Gauernitz
B 6
EUSSLITZER UND
JERNITZER GRÜNDE
Pinkowitz
A
Wildberg
Katzenberg
(218 m)
Prinzb rg
(237 m
Kleinschönb
Eichberg
(252 m)
Hühndorf
Maplibre | © komoot | Map data © OpenStreetMap contributors

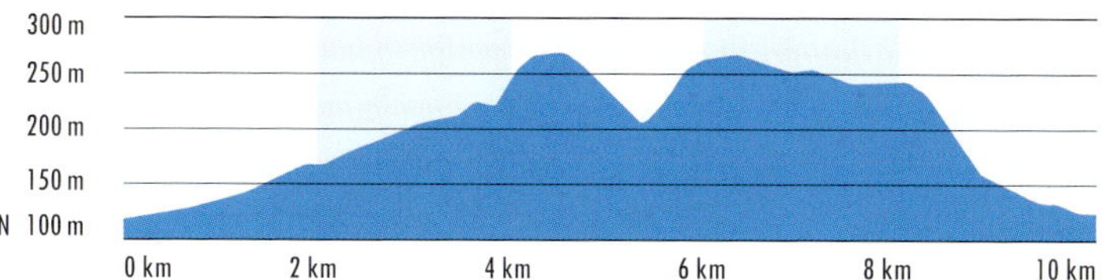

ES KLAPPERT DIE MÜHLE AM RAUSCHENDEN BACH

Ausgangspunkt einer landschaftlich reizvollen Wanderung ist der Parkplatz an der Kreuzung „Langer Weg“ und „Hohle Gasse“ in Constappel. Zunächst geht man die Straße „Harthaer Berg“ Richtung Hartha und Röhrsdorf entlang und vorbei an einem kleinen Friedhof. Der grün markierte Wanderweg passiert große Ställe und biegt später links in Richtung Wilde Sau und Neudeckmühle von der Straße ab. Auf dem Feldweg gelangt man zu einer kleinen Brücke über die Wilde Sau. Hier ist im Frühjahr der Uferbereich des Baches von Buschwindröschen und Sternmiere übersät, vereinzelt treten Lerchensporn und Schuppenwurz auf. Das junge Grün des herrlichen Laubwaldes bezaubert seine Gäste.

Ab jetzt folgt der Weg stets dem Bach. Idyllisch geht es durch den Laubwald oder am Waldrand entlang. Der Weg wird stellenweise zu einem Pfad, der sich sowohl am Bach entlang schlängelt als auch den Hang hinaufsteigt. Gelegentlich befinden sich Bänke am Wegrand.

Nach einer reichlichen Stunde hat man die historische Gaststätte „Neudeckmühle“ am Mittellauf der Wilden Sau erreicht. Die Wassermühle wurde bereits 1570 erstmals urkundlich erwähnt. Einst wurden Landwirtschaft, die Mühle, die Brotbäckerei und eine Gastwirtschaft nebeneinander

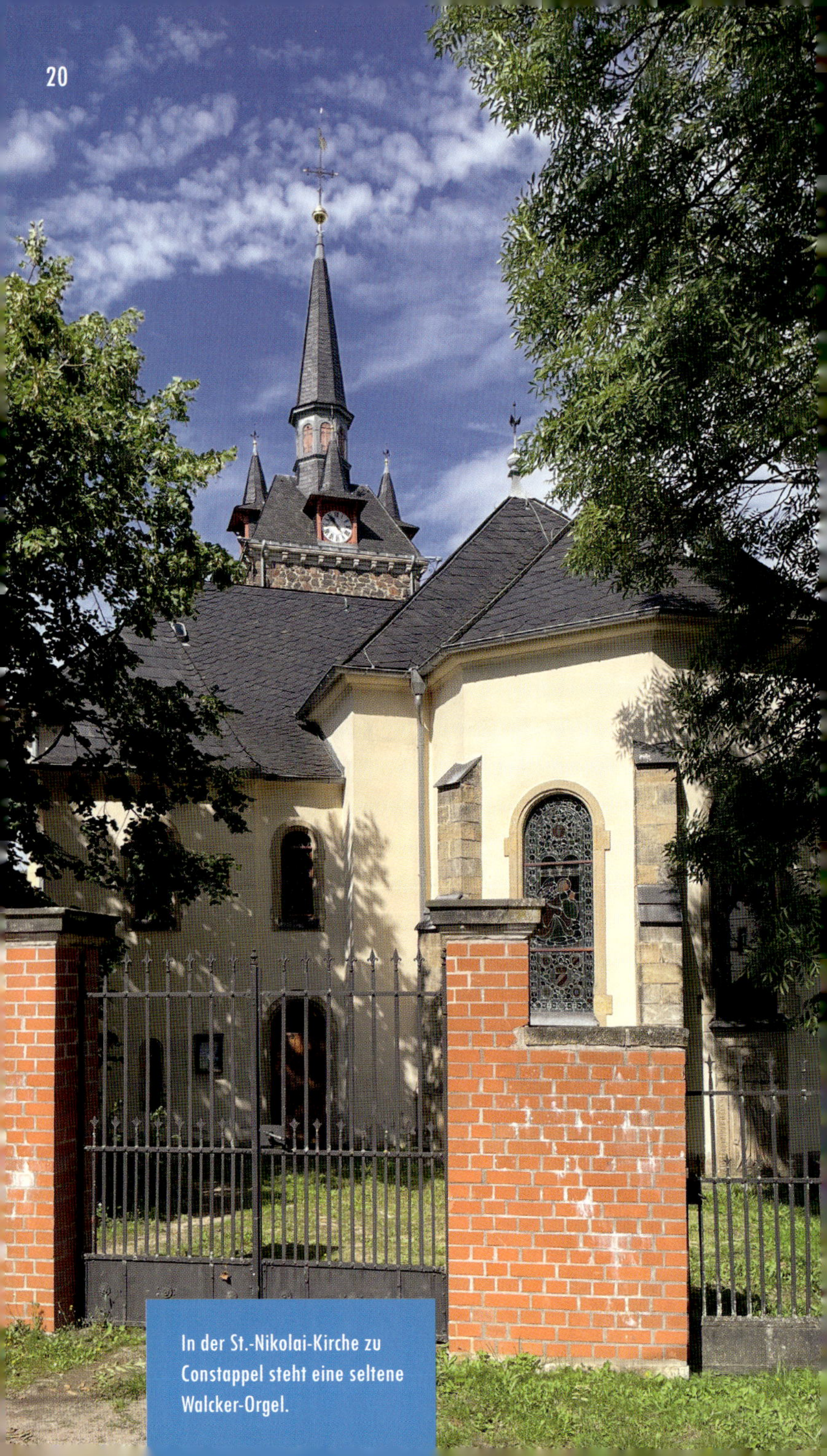

In der St.-Nikolai-Kirche zu Constappel steht eine seltene Walcker-Orgel.

betrieben. Im Jahr 1970 wurde die Neudeckmühle an das öffentliche Energienetz angeschlossen, zuvor versorgte das Wasserrad die Mühle mit elektrischer Energie. Bis 1976 wurde noch Getreide für Kleinbauern aus der Umgebung geschrotet. Bald darauf wurde die Mühlenausstattung entfernt und das Gebäude vollständig als Gasthaus genutzt. Für die kleinen Gäste gibt es einen Spielplatz.

ZWEI STEILE ANSTIEGE AUF DEM WEG NACH WEISTROPP

Nun verlässt man das Tal der Wilden Sau und wandert aufwärts entlang der kaum befahrenen Straße nach Kleinschönberg. Nach einem kurzen, aber steilen Anstieg aus dem Saubachtal wird man mit einer guten Aussicht belohnt. Der Blick schweift über Felder und reicht bis zu den Hängen des Elbtals und nach Meißen. Weiter geht es in das gepflegte Kleinschönberg hinein. Vorbei an malerischen Bauernhöfen und blühenden Gärten steigt man die Sonnenlehne hinab und erreicht die Kreuzung mit dem Prinzbachtal, das links Richtung Constappel verläuft. Man wandert aber weiter geradeaus und der letzte steile Anstieg der Tour beginnt. Bald sieht man die Kirche von Weistropp und gelangt nach kurzer Zeit in den Ort. Der direkte Weg in Richtung Gohlberg führt nun nach links entlang des Radweges. Empfehlenswert ist aber auch ein Abstecher zur Kirche.

Von Weistropp schlägt man den Weg zum Gohlberg ein. Eine historische Wegsäule weist Richtung Gauernitz. Die Gauernitzer Straße führt nordöstlich vorbei am Gohlberg, auf dessen Gipfel kein direkter Weg führt. Der Blick von der Gauernitzer Straße reicht aber bis zu den Hängen des Elbtals. Dann geht der Weg am Waldrand entlang und steil hinab zur Straße „Hohle Gasse“ in Constappel. Dieser Straße kann man bis zum Parkplatz zurück folgen.

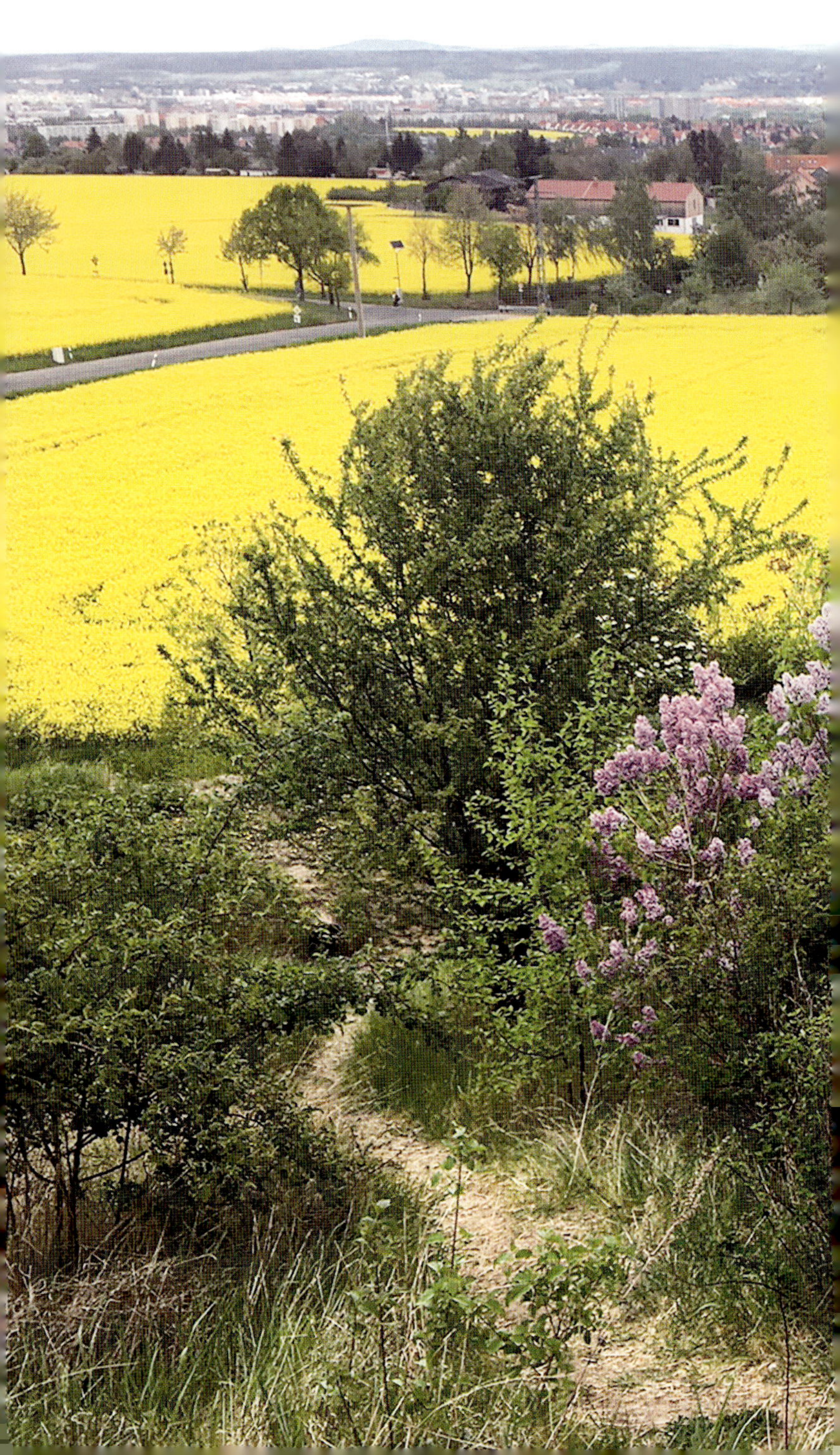

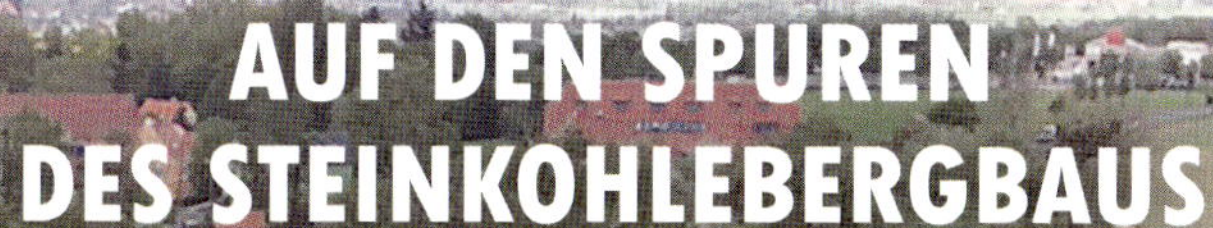

AUF DEN SPUREN DES STEINKOHLEBERGBAUS

Eine aussichtsreiche Tour führt über die Höhen um Bannewitz und durch den Kaitzgrund.

③ TOURENDATEN IM ÜBERBLICK

 10 km 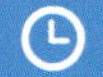 4 h 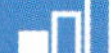 leicht

200m üNN  310m üNN

Mit Bus +360 bis Bannewitz, Boderitzer Straße (www.vvo-online.de)

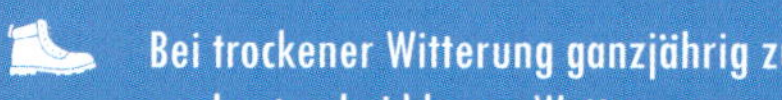

Bei trockener Witterung ganzjährig zu begehen, am besten bei klarem Wetter.

Blick vom Marienschacht

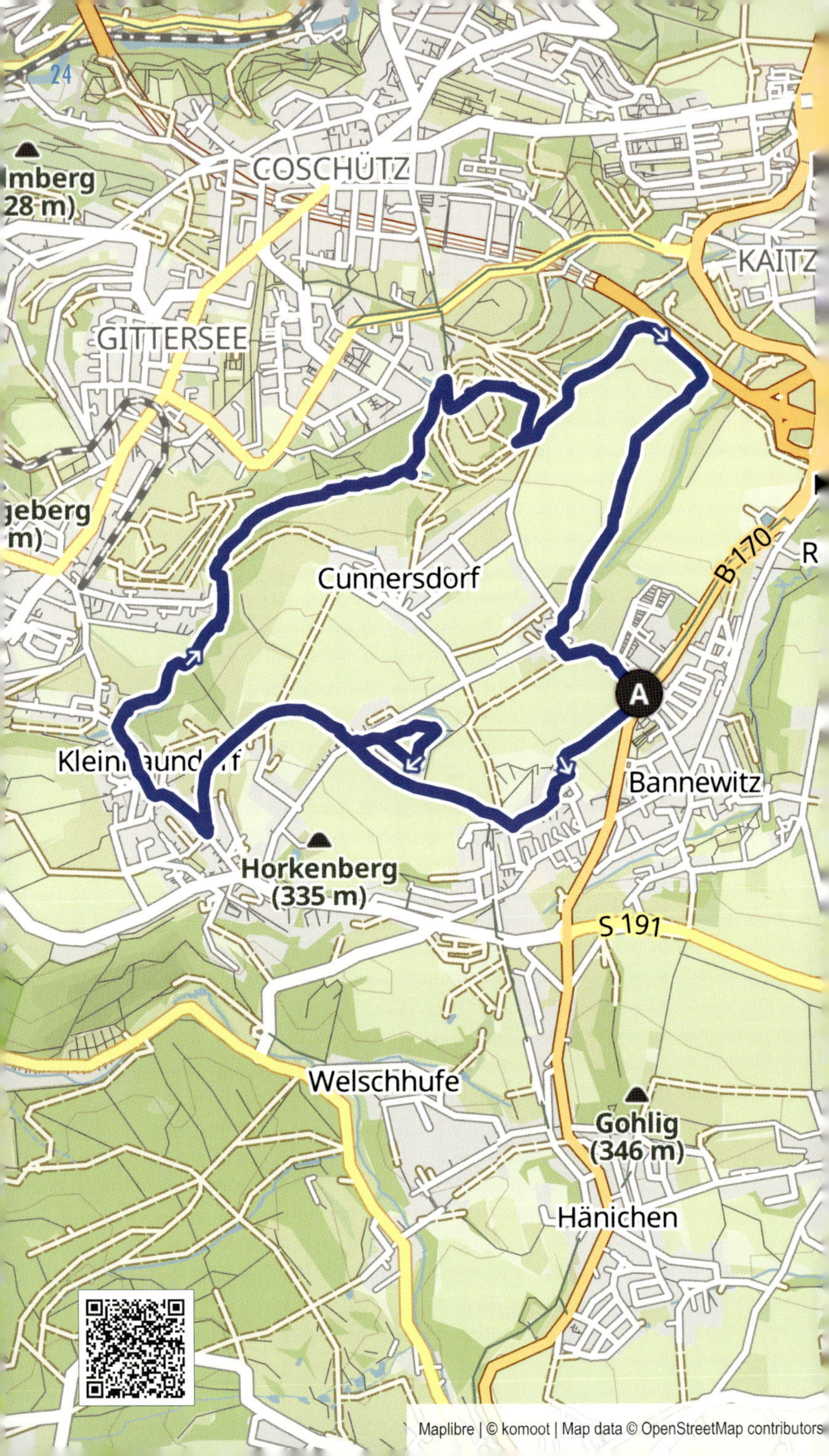
24
COSCHÜTZ
KAITZ
GITTERSEE
Cunnersdorf
B 170
Bannewitz
Horkenberg
(335 m)
S 191
Welschhufe
Gohlig
(346 m)
Hänichen
Maplibre | © komoot | Map data © OpenStreetMap contributors

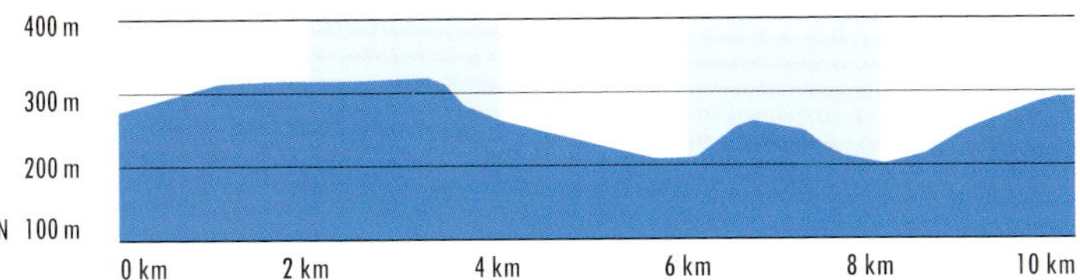

AUF DEN SPUREN DES STEINKOHLEBERGBAUS

Markante Zeugen des Steinkohlebergbaus prägen die Flur von Bannewitz. Sie krönen eine aussichtsreiche Tour über die Höhen südlich von Dresden. An der Haltestelle Boderitzer Straße oder auf dem Parkplatz des Fastfood-Restaurants beginnt die Wanderung.

Westlich der Bundesstraße 170 verläuft die Route zunächst auf einer von jungen Linden gesäumten Allee. Durch offene Landschaft nimmt sie geradewegs Kurs auf ein Wohngebiet, wo sie auf die Carl-Behrens-Straße trifft. Diese führt rechts aufwärts zu einer Garagenanlage und auf einem ausgeschildertem Pfad zum Bahndamm der ehemaligen Windbergbahn.

Die 1856 erbaute Strecke ist nicht nur Eisenbahnfreunden ein Begriff, denn sie gilt als erste deutsche Gebirgsbahn und wird auch Sächsische Semmeringbahn genannt. Nachdem sie zunächst nur die am Freitaler Windberg geförderte Steinkohle transportiert hatte, wurde sie später für den Personenverkehr ausgebaut und avancierte zu einer beliebten Ausflugsbahn. Nach der politischen Wende wurde die Strecke endgültig stillgelegt. Alle noch vorhandenen Anlagen stehen unter Denkmalschutz und werden von einem Verein erhalten.

Auf dem Bahndamm hält man sich rechts Richtung Freital und entdeckt schnell einen markanten einzelnen Gesteinsbrocken. Dieser 8,5 Tonnen schwere Findling besteht aus skandinavischem Granit und kam vor rund 250.000 Jahren in der Elsterkaltzeit an die damalige Grenze der Vereisung. Der heutige Standort ist allerdings nicht ganz der originale: Gefunden wurde der Brocken in einer nahegelegenen Kiesgrube.

Links wird der Weg nun durch beschilderte ehemalige „Bäume des Jahres", rechts durch malerische Birken und Bänke gesäumt. Ins Auge fällt bald der sogenannte Myriameterstein, einer von wenigen noch vorhandenen Zeugen der Windbergbahn-Kilometrierung von 1895. Seinem Namen entsprechend, steht er genau 10.000 Meter vom Streckenbeginn entfernt. Vorbei an der ehemaligen Kohlenverlademauer geht es zum denkmalgeschützten Ensemble des Marienschachts. Dieser wurde ab 1886 für die Steinkohlengewinnung geteuft und nach deren Ende ab 1990 verfüllt.

Weithin sichtbar ist der Förderturm, wegen seiner charakteristischen Bauart als Malakow-Turm bezeichnet. An seinem Fuß sind weitere Bergbau-Gerätschaften aufgestellt. Mindestens genauso beeindruckend wie die Schachtanlage selbst ist der Blick von der davorliegenden Halde. Längst von Gras überwachsen und mit mehreren Bänken bestückt, erlaubt sie durch ihre exponierte Lage Fernsichten bis in die Sächsische Schweiz. Zurück auf der Wanderroute, überquert man die Straße und folgt der Bahntrasse weiter zum ehemaligen Haltepunkt Boderitz-Cunnersdorf. Der Guido-Brescius-Weg führt nun hinein in den Ort Kleinnaundorf, den man auf der Steigerstraße durchmisst. Es geht bergab, bis die Route rechts in den mit gelbem Punkt markierten Kaitzgrund abbiegt.

Wiesen und Laubwald begleiten den offen plätschernden Kaitzbach. Der Weg passiert das Brunnenhaus und führt über die Kaitzer Höhe, von der sich erneut eine faszinierende Aussicht bietet. Kurz vor der A 17 verlässt die Route den Bachlauf endgültig und verläuft ein Stück parallel zur Autobahn, ehe sie sich wieder nach Süden wendet und auf Boderitz zusteuert. Der 1350 erstmals urkundlich erwähnte Ort bietet mit seinen sanierten Häusern einen malerischen Anblick. Eine kleine Straße führt direkt hinüber zum Ausgangspunkt der Rundwanderung.

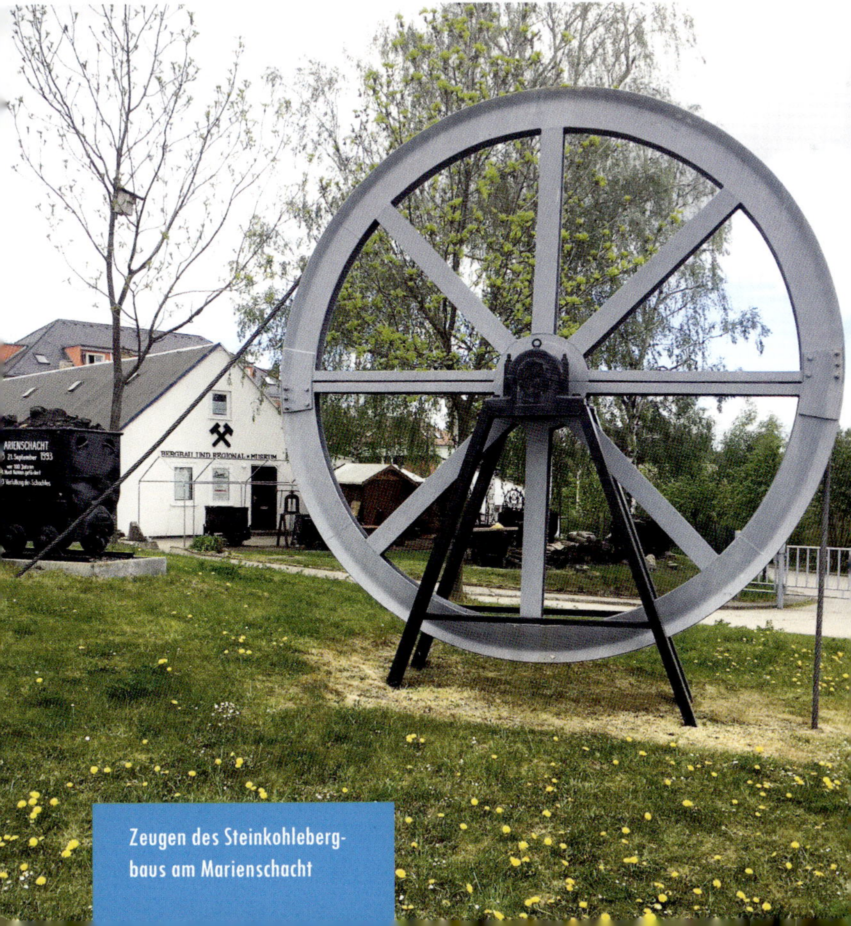

Zeugen des Steinkohlebergbaus am Marienschacht

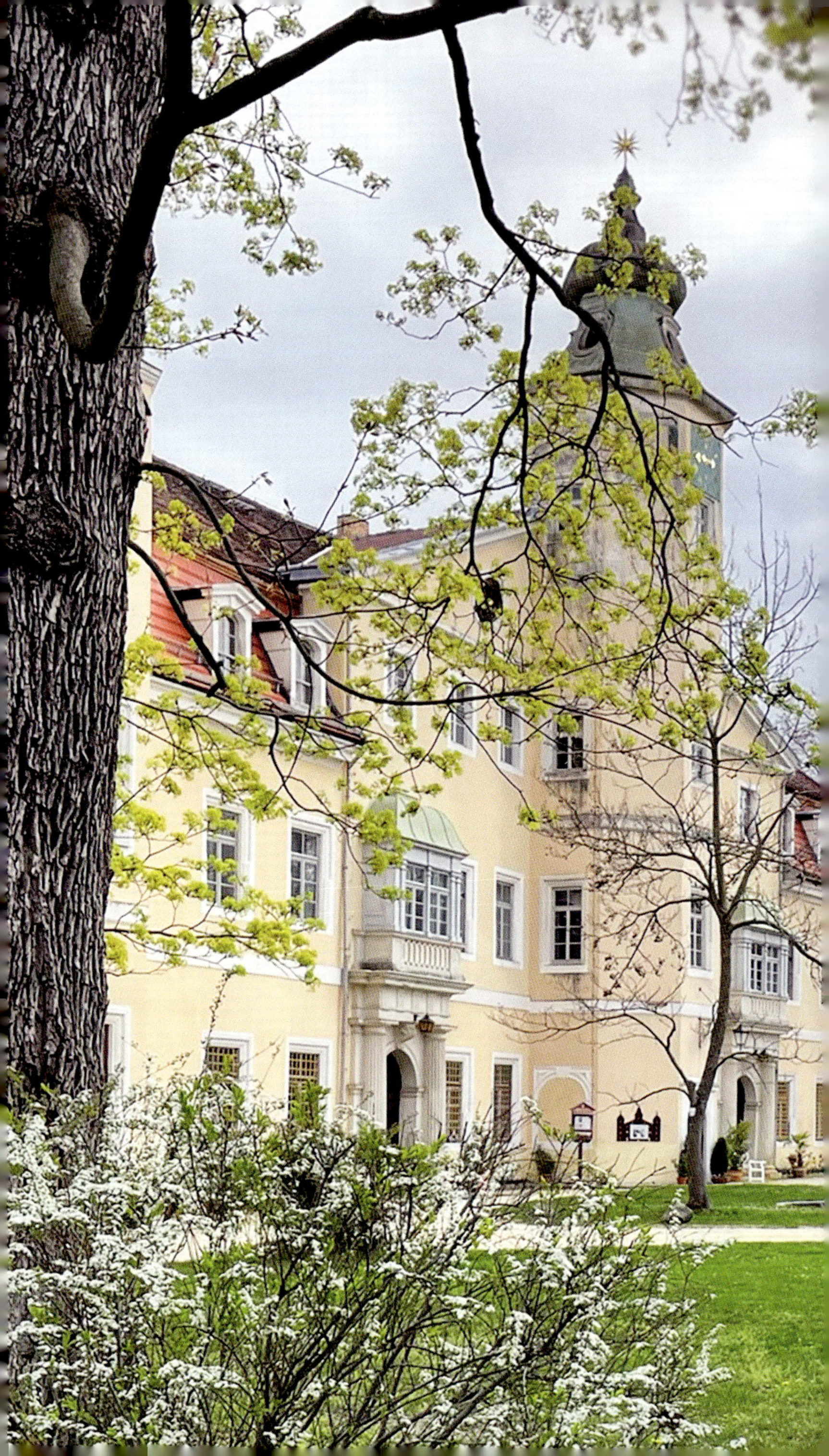

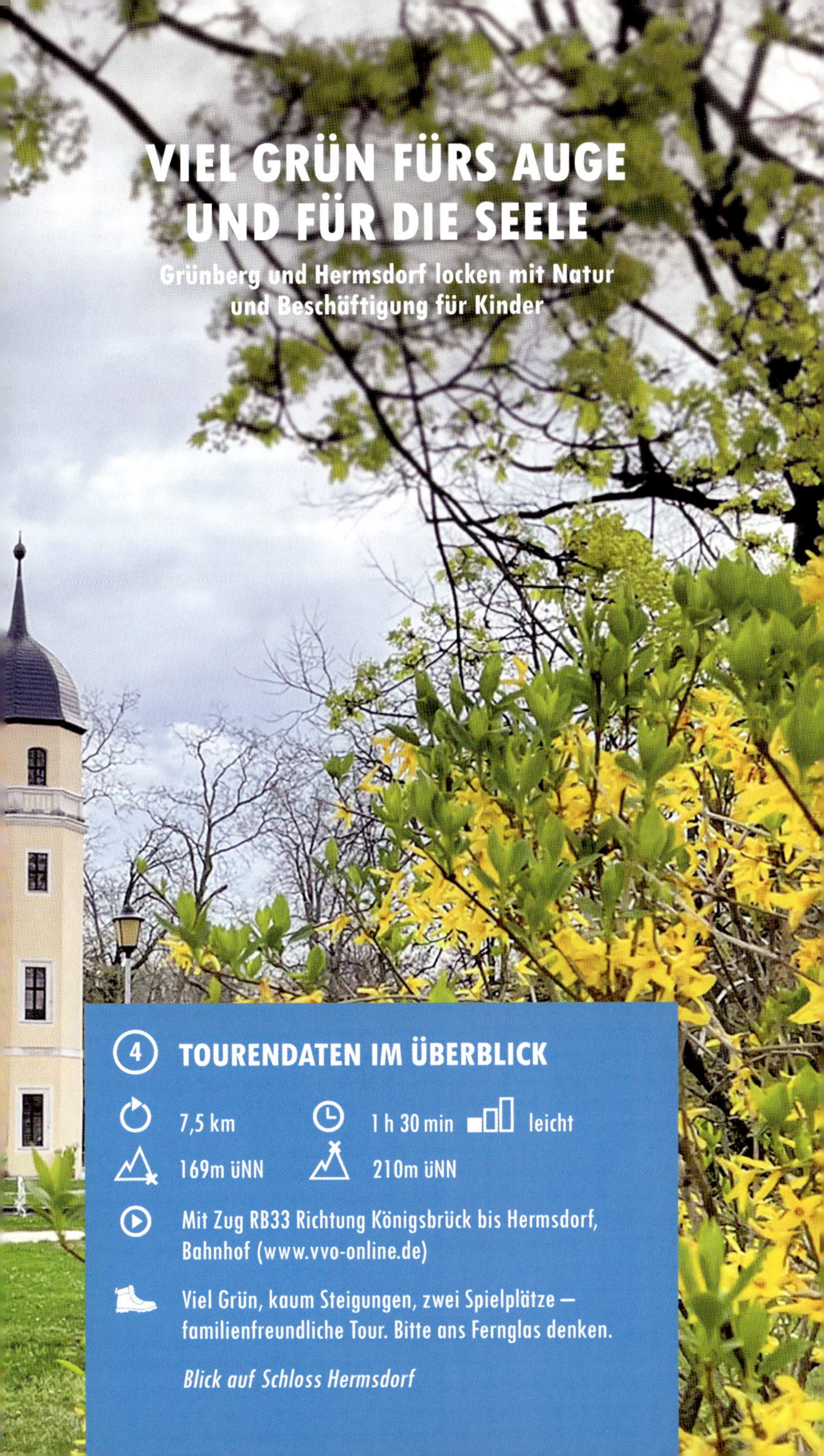

VIEL GRÜN FÜRS AUGE UND FÜR DIE SEELE

Grünberg und Hermsdorf locken mit Natur und Beschäftigung für Kinder

4 TOURENDATEN IM ÜBERBLICK

7,5 km | 1 h 30 min | leicht

169m üNN | 210m üNN

Mit Zug RB33 Richtung Königsbrück bis Hermsdorf, Bahnhof (www.vvo-online.de)

Viel Grün, kaum Steigungen, zwei Spielplätze – familienfreundliche Tour. Bitte ans Fernglas denken.

Blick auf Schloss Hermsdorf

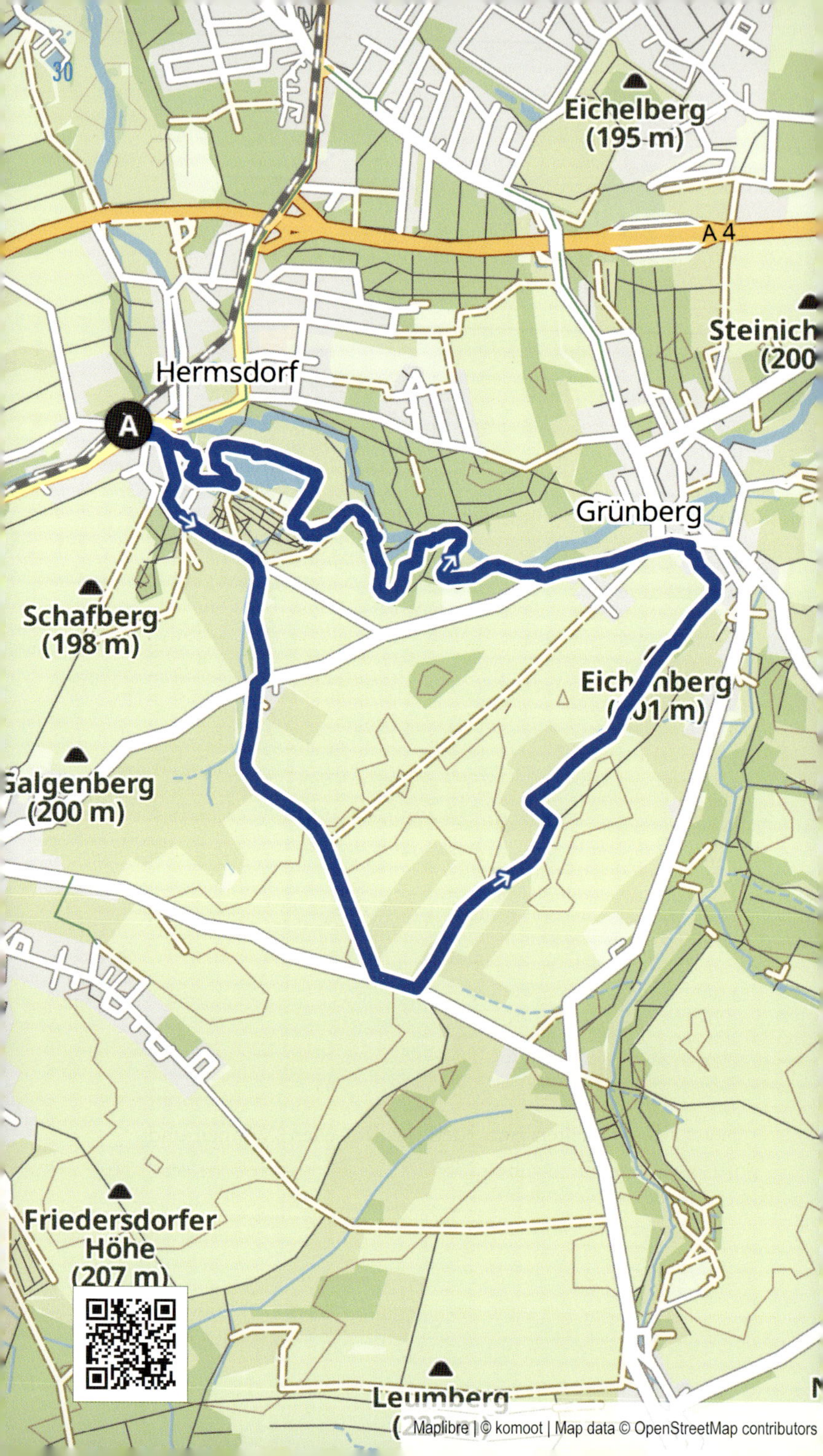
Eichelberg
(195 m)
A 4
Steinich
Hermsdorf
A
Grünberg
Schafberg
(198 m)
Galgenberg
(200 m)
Friedersdorfer
Höhe
(207 m)
Leumberg
Maplibre | © komoot | Map data © OpenStreetMap contributors

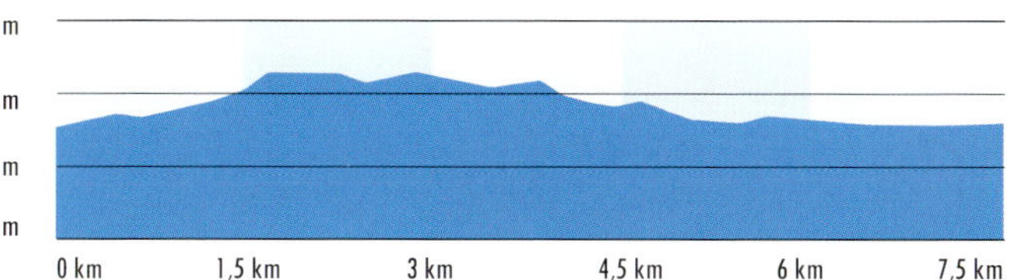

VIEL GRÜN FÜRS AUGE UND FÜR DIE SEELE

Weite Felder, plätscherndes Wasser plus Spielplätze: Das sind die Zutaten für eine gelungene Familienwanderung. Nur einen Katzensprung von Dresden, nahe der A4, aber dennoch im Grünen, liegt Hermsdorf – den meisten wohl durch das Schloss bekannt. Am Bahnhof, beziehungsweise dem dortigen Parkplatz, startet unsere Tour. Die Strecke führt zunächst über die Dresdner Straße hinweg in die Straße Schulberg, links in die Braugasse und weiter rechts auf die Schloßstraße. Es geht an einem historischen Wegstein vorbei, das Schlossgelände liegt linker Hand. Am Ende der Mauer folgt die Tour nun rechts der roten Markierung, vorbei am Schmerlenteich, bis zum Abzweig Wirtschaftsweg. Im Schatten eines Baumes kann hier der Blick über die Felder genossen werden.

Der Wirtschaftsweg führt schnurstracks nach Grünberg und bietet unterwegs ebenfalls viele schöne Panoramen. In Grünberg kann der Spielplatz besucht werden. Dieser liegt ein kurzes Stück rechts in die Lausaer Straße hinein und bietet Möglichkeiten zum Klettern, Rutschen, Wippen und für eine Rast. Der grünen Markierung folgend gelangt man im Anschluss über die Lausaer Straße zurück nach Hermsdorf. Nach etwa 800 Metern biegt die Tour rechts in das Tal der Großen Röder ein. Alte Bäume säumen den Pfad, Sumpflandschaft wechselt sich ab mit dichtem Wald und die

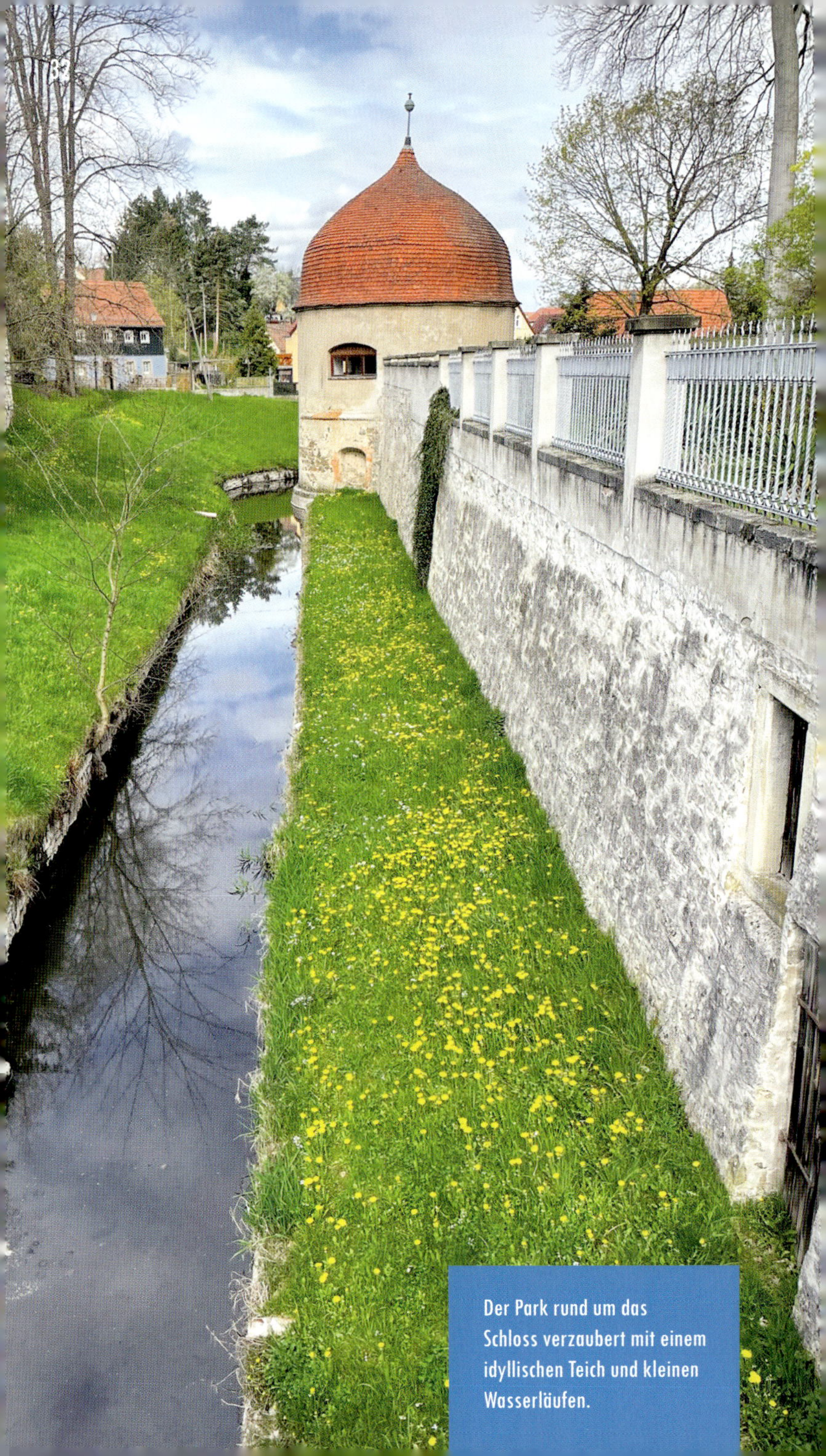

Der Park rund um das Schloss verzaubert mit einem idyllischen Teich und kleinen Wasserläufen.

Große Röder begleitet die Wanderung mit ihrem Plätschern. Hier fühlen sich zahlreiche verschiedene Vogelarten wohl. Nicht nur Kindern macht es Spaß, mit dem Fernglas nach Buntspecht und Co. Ausschau zu halten.

LANDSCHLOSS HERMSDORF

Am Schlosswehr geht es auf die andere Seite der Großen Röder, wo eine Fischtreppe angelegt wurde. Zu beobachten, wie diese den Tieren hilft, flussaufwärts zu wandern, ist eine spannende Angelegenheit für die ganze Familie. Am Schlossgraben entlang führt der Weg nun zum Schloss Hermsdorf. Das Gebäude wurde im 16. Jahrhundert errichtet und wird heute für Trauungen, Feiern und Veranstaltungen genutzt. In dem märchenhaften Schlosspark sind Statuen von Herkules, Apollo und einer Kindergruppe zu bewundern. Idyllisch muten die Springbrunnen und der Schlossteich mit seinen vielen Enten an. Zahlreiche kleine Wasserläufe schlängeln sich entlang der Wege, allerhand Bänke und romantische Plätze bieten sich zum Verweilen an. Der Spielplatz lockt dann noch die letzten Reserven aus den Kindern heraus, bevor es endgültig heimgeht.

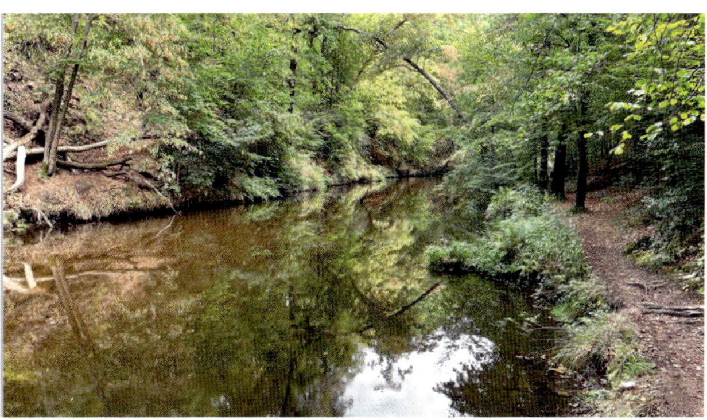

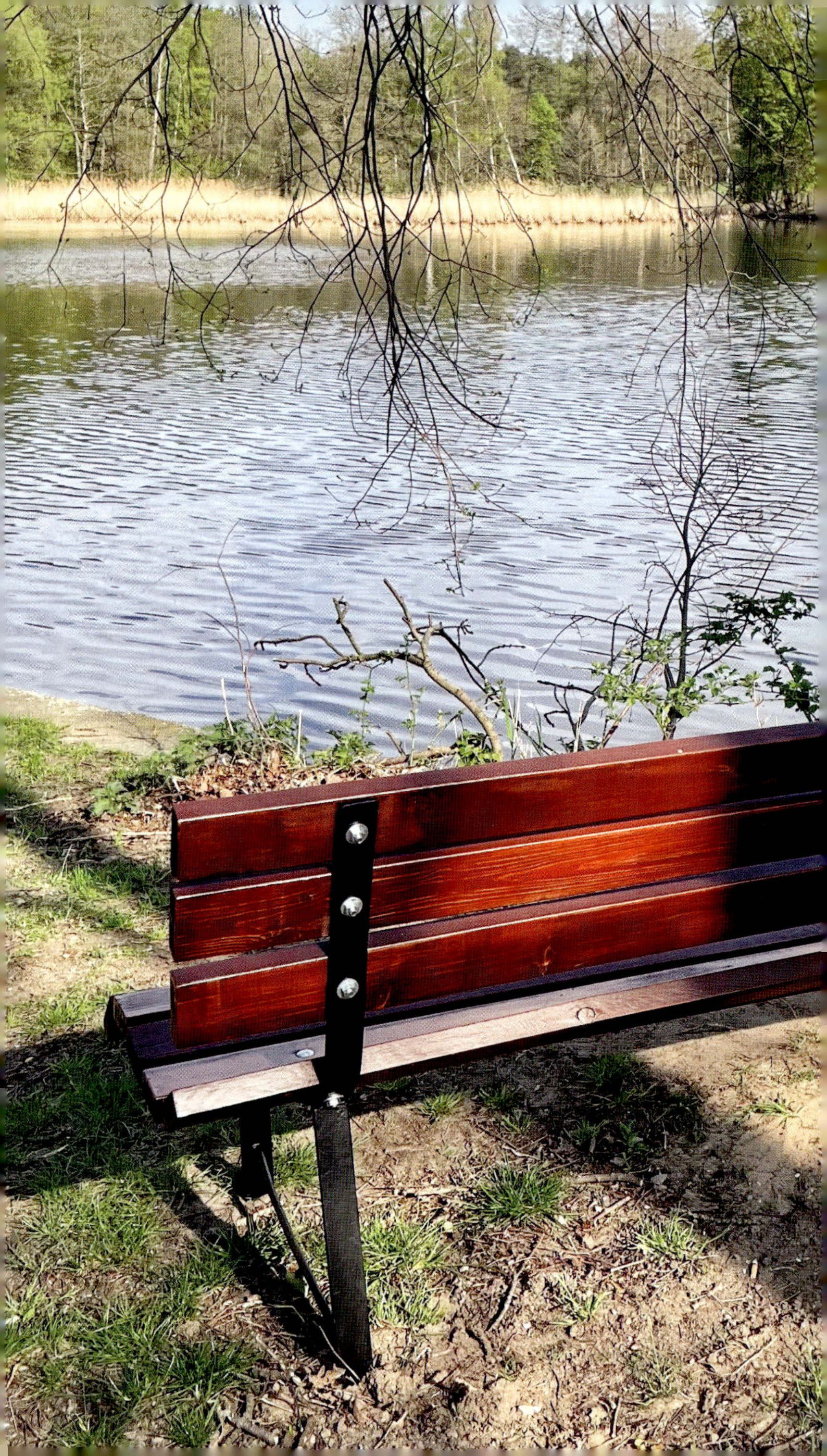

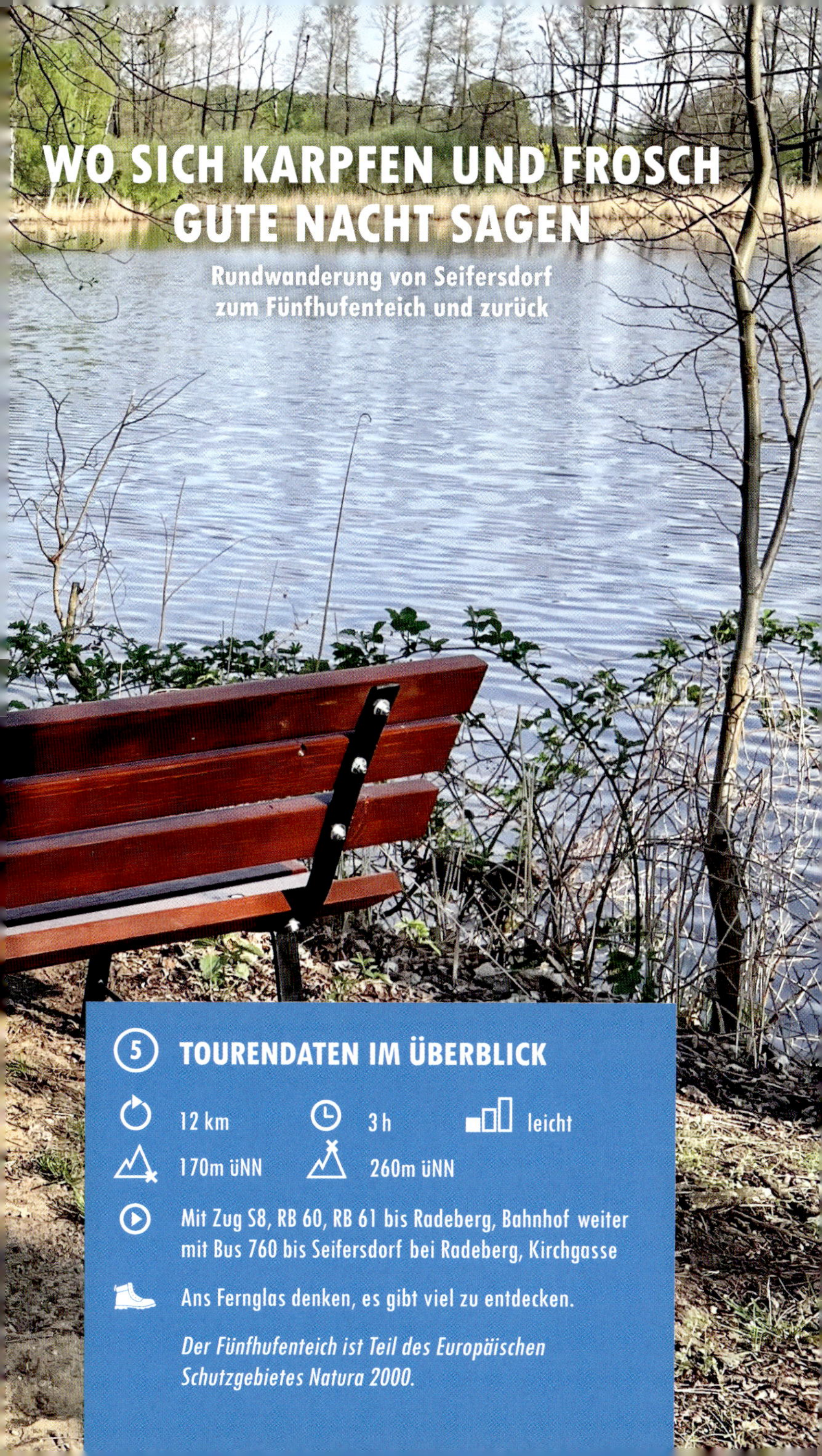

WO SICH KARPFEN UND FROSCH GUTE NACHT SAGEN

Rundwanderung von Seifersdorf zum Fünfhufenteich und zurück

5 TOURENDATEN IM ÜBERBLICK

12 km — 3 h — leicht

170m üNN — 260m üNN

Mit Zug S8, RB 60, RB 61 bis Radeberg, Bahnhof weiter mit Bus 760 bis Seifersdorf bei Radeberg, Kirchgasse

Ans Fernglas denken, es gibt viel zu entdecken.

Der Fünfhufenteich ist Teil des Europäischen Schutzgebietes Natura 2000.

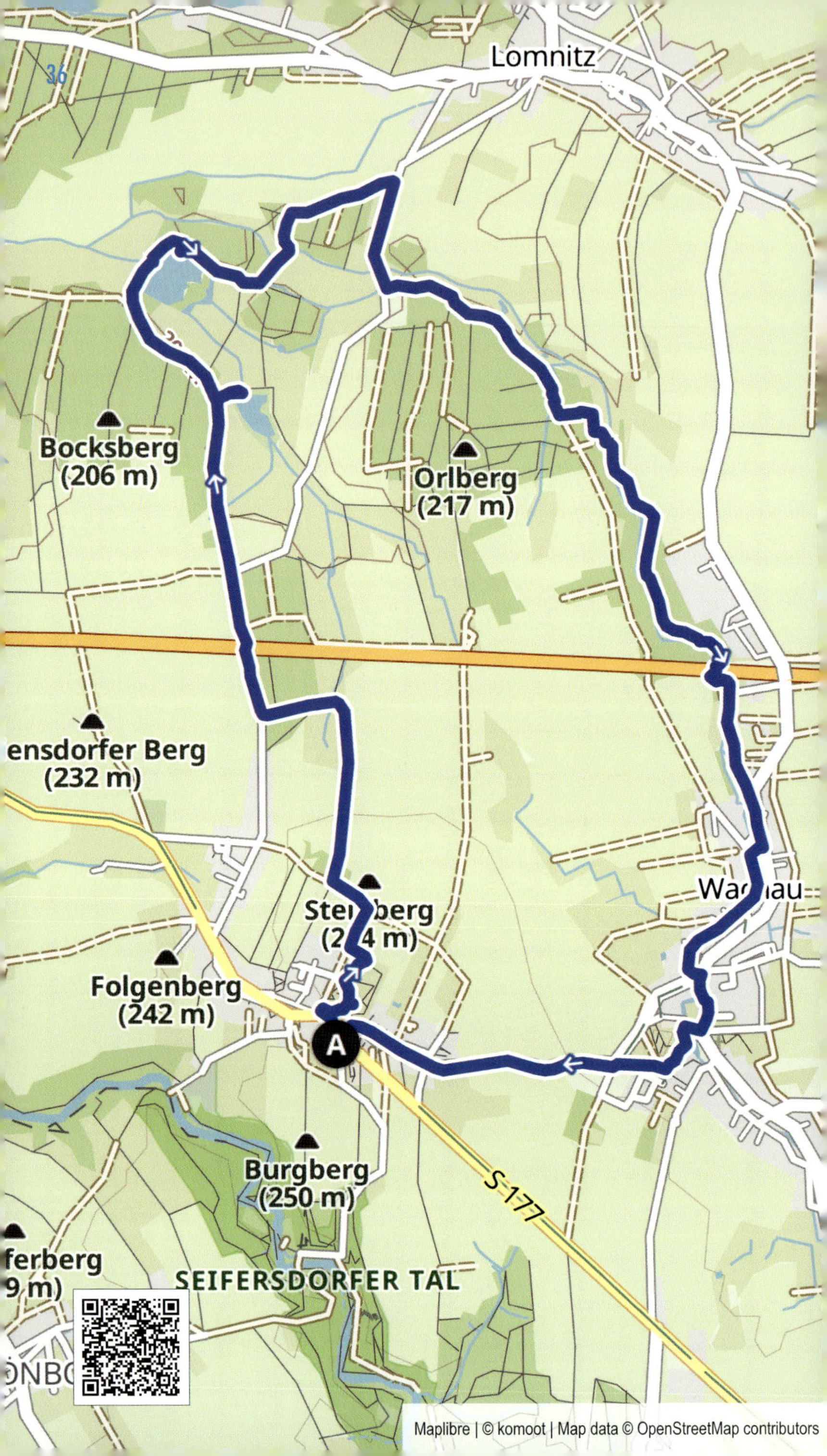

Lomnitz
36
Bocksberg
(206 m)
Orlberg
(217 m)
ensdorfer Berg
(232 m)
Wachau
Folgenberg
(242 m)
A
Burgberg
(250 m)
S 177
ferberg
9 m)
SEIFERSDORFER TAL
ÖNBO
Maplibre | © komoot | Map data © OpenStreetMap contributors

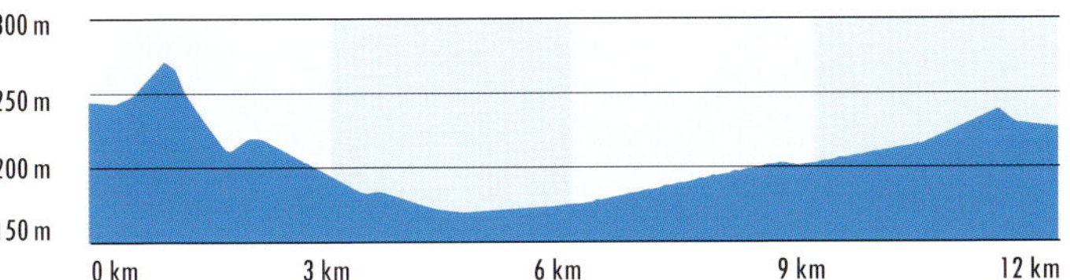

WO SICH KARPFEN UND FROSCH GUTE NACHT SAGEN

Start dieser Tour ist auf dem Parkplatz neben dem Gerätehaus der Feuerwehr Seifersdorf bei Radeberg. Wer mit dem Bus anreist, beginnt ein paar Meter weiter nördlich, in der Kirchgasse. Die Route führt als erstes in den Schlosspark Seifersdorf. Dort, wo sich heute Schloss und Park befinden, gab es zuvor fünf andere Schlösser. Das erste – eine Turmhügelburg – wurde vermutlich im zwölften Jahrhundert errichtet und durch einen Brand zerstört. Das bis heute erhaltene sechste Schloss im neogotischen Stil wurde 1826 fertiggestellt.

Aus dem Schlosspark heraus führt die Strecke auf einer hübschen Allee zur Alten Hallischen Salzstraße, auf der es links weitergeht, vorbei an einem Aussichtspunkt mit historischem Steinkreuz von 1678. Am kleinen Wäldchen biegt die Tour rechts ein, der roten Markierung folgend. Vor der A4 geht es noch einmal links und dann rechts auf die Lommitzer Straße. Von hier aus hat man bereits einen schönen Blick über die Felder in Richtung Sandteich, der rechter Hand liegt. Ein kleines Stück weiter schließt sich der Fünfhufenteich an. Der verdankt seinen Namen vermutlich fünf landwirtschaftlichen Flächen, Hufen genannt, die früher an den Teich grenzten.

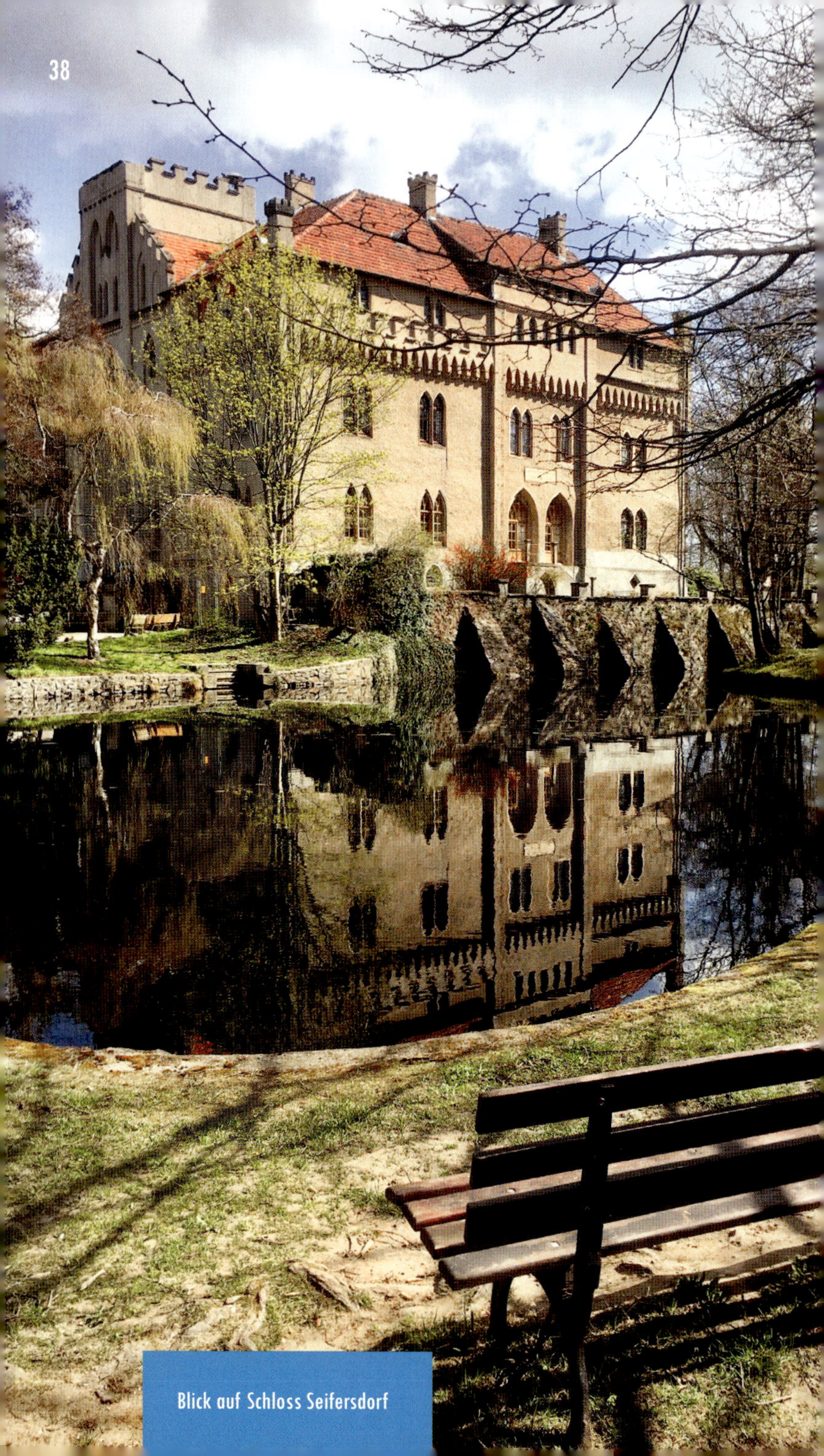

Blick auf Schloss Seifersdorf

FLORA UND FAUNA BEOBACHTEN

Wanderer sollten unbedingt ein Fernglas mitnehmen, denn sowohl am Sandteich als auch am Fünfhufenteich bieten sich Gelegenheiten zur Naturbeobachtung. Der Fünfhufenteich ist Teil des Europäischen Schutzgebietes Natura 2000. An seinem Ufer finden sich zahlreiche Laubbäume wie Stiel- und Rot-Eichen, Birken, Erlen und Eschen. Im und am Teich fühlen sich außerdem Libellen, Frösche und Waldmäuse wohl. Beide Teiche dienen der Karpfenaufzucht und -haltung.

Vom Fünfhufenteich aus folgt die Wanderung nun dem grünen Pfeil bis zur Seifersdorfer Straße. Dort angekommen, geht es kleines Stück nach rechts. Nun führt eine Brücke über die Orla und danach über den Saugraben. Die Orla speist übrigens auch den Wassergraben, der das Schloss Wachau umgibt, an dem die Tour am Ende noch vorbeiführt. Die Orla gilt als Forellengewässer.

ZUM SCHLUSS EIN STÜCK BAROCK

Direkt nach dem Saugraben biegt der Pfad links in den Wald und folgt weiter der gelben Markierung Richtung Wachau. Hinter der Autobahn mündet die Tour auf den Mühlweg. Es geht vorbei am Unteren Dorfteich und Herrichteich. Ein paar Schritte geht es nun an der Hauptstraße entlang, vorbei am ehemaligen Wasserschloss Wachau. Der barocke Bau kann nicht besichtigt werden. Der Park aber lädt noch zu einem kleinen gemütlichen Abstecher ein, bevor es über die Wachauer Straße, der roten Markierung folgend, zurück zum Parkplatz in Seifersdorf geht.

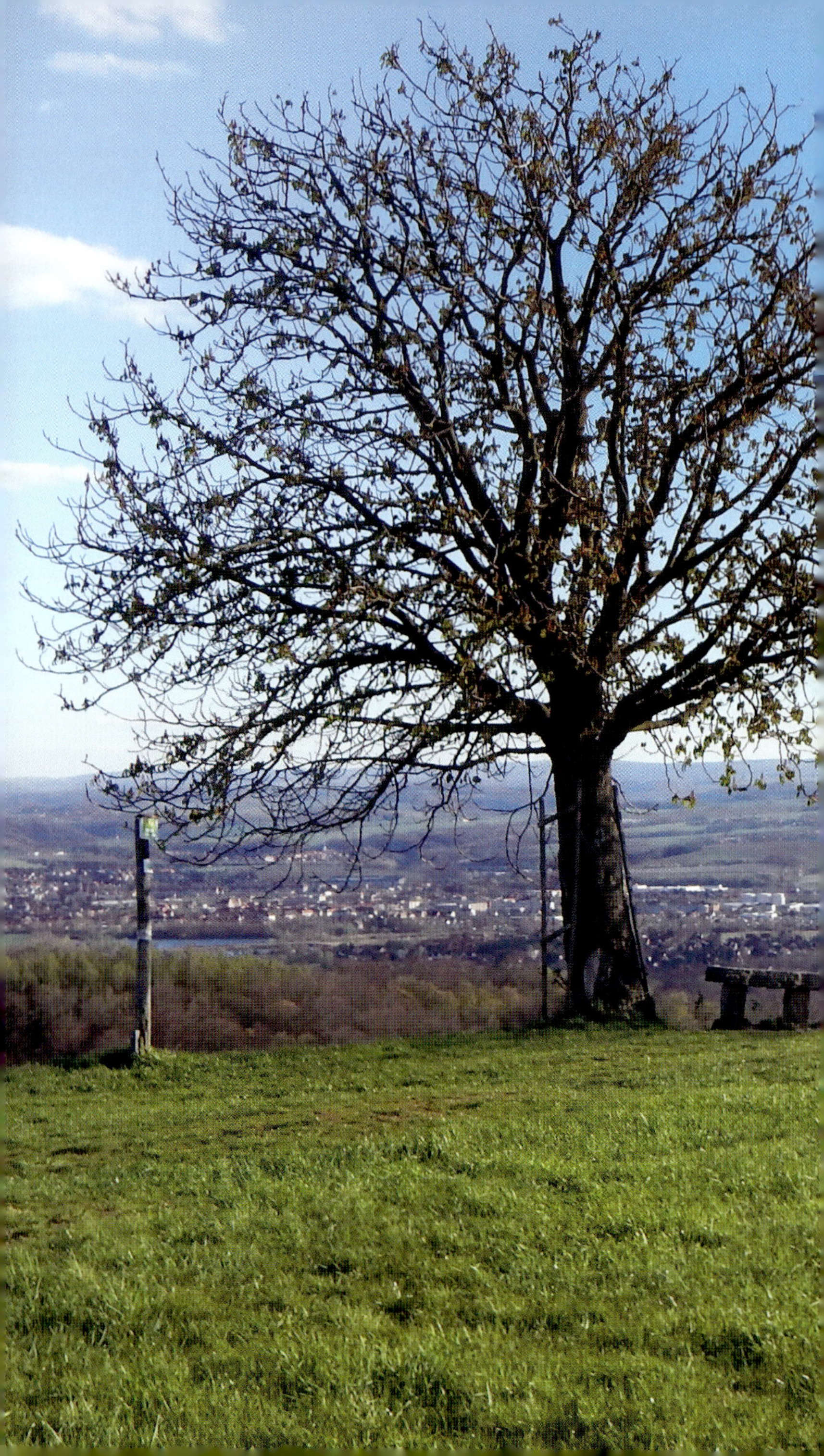

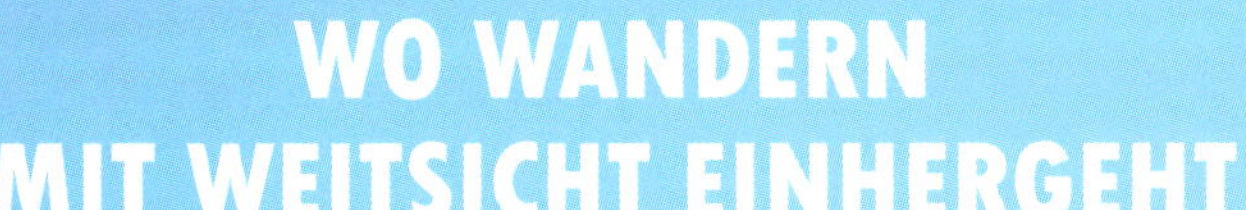

WO WANDERN MIT WEITSICHT EINHERGEHT

Hoch und runter auf einer Rundwanderung von Gönnsdorf ins Schönfelder Hochland

6 TOURENDATEN IM ÜBERBLICK

10 km

2 h 30 min leicht

230m üNN

320m üNN

Mit Bus 61 bis Dresden Gönnsdorf, Zachengrundring (www.vvo-online.de)

Am besten bei trockenem Wetter zu laufen.

Blick von der Malschendorfer Höhe

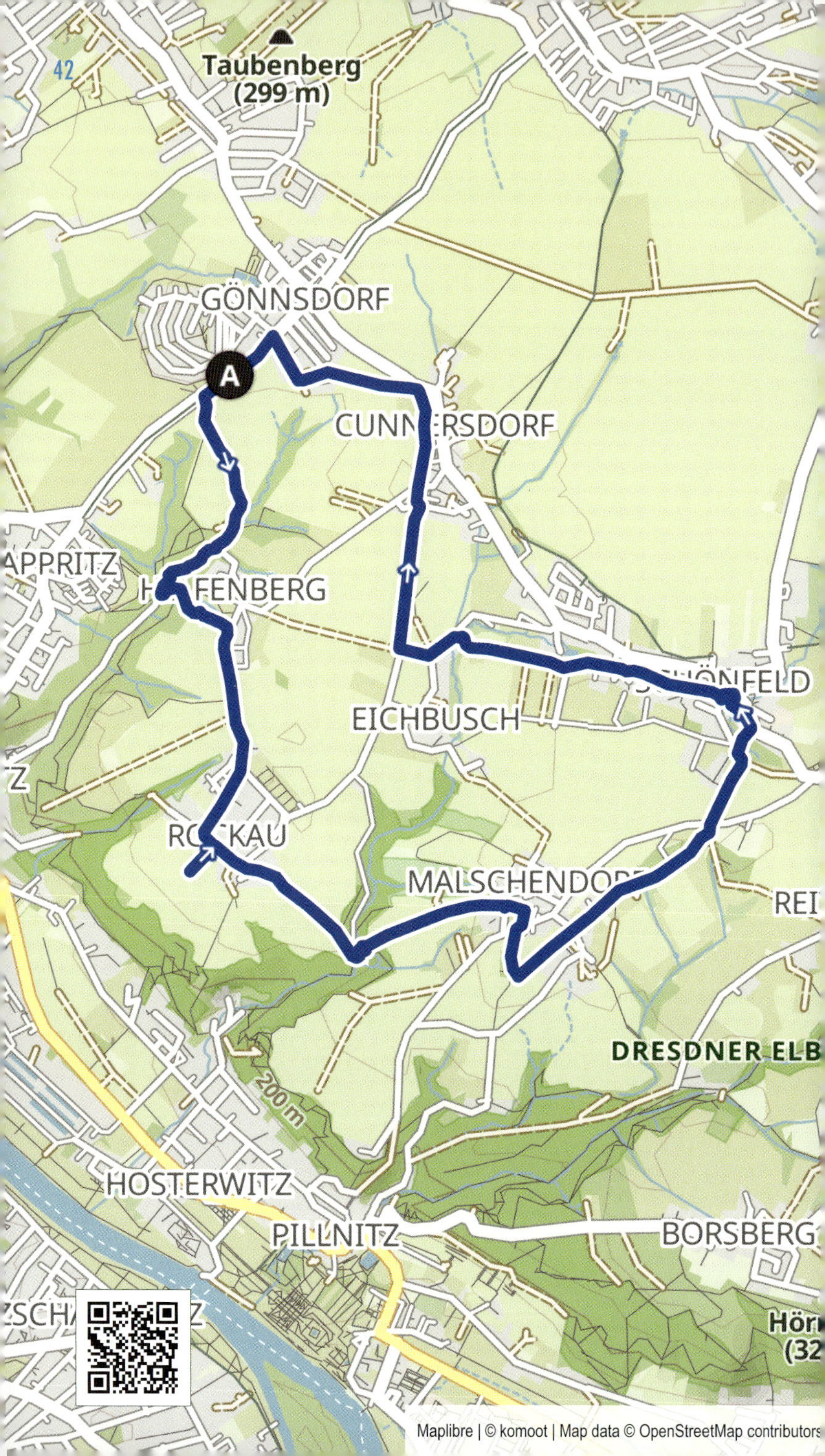

Taubenberg
(299 m)
GÖNNSDORF
A
EICHBUSCH
200 m
HOSTERWITZ
PILLNITZ
BORSBERG
Maplibre | © komoot | Map data © OpenStreetMap contributors

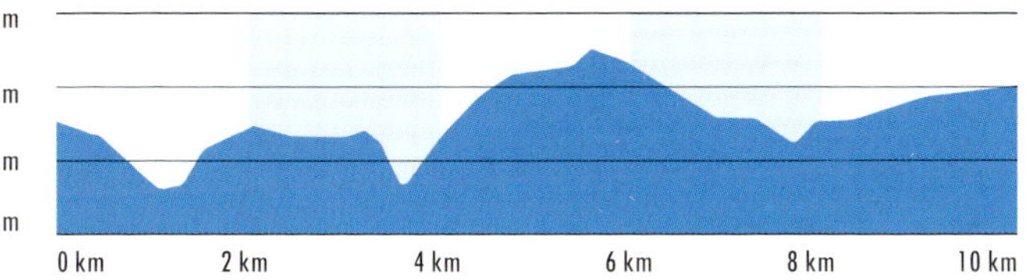

WO WANDERN MIT WEITSICHT EINHERGEHT

Start der Wanderung ist an der Haltstelle Zachengrundring in Gönnsdorf. Parkplätze sind hier ebenfalls am Discounter vorhanden. Die Tour startet nach rechts und führt nach etwa 100 Metern über die Pappritzer Straße hinweg links in den Feldweg mit der roten Markierung. Nun geht es bis zur Straße Helfenberger Grund, die leicht bergab führt. Auf der rechten Seite sind Reste der ehemaligen Burg Helfenberg zu sehen. Die Burg, auch Hilfenburg genannt, wurde erstmalig 1350 urkundlich erwähnt. Im 16. Jahrhundert wurde der Wohnsitz in das Vorwerk Helfenberg, das heutige Rittergut, verlegt. Die Burg diente aber noch als Zufluchtsort, beispielsweise im Dreißigjährigen Krieg. Im 18. Jahrhundert wurde die Burg als Baumaterial für das neue Schloss verwendet und zunehmend abgetragen. Heute sind nur noch wenige Mauerreste zu sehen.

FERNSICHT INS DRESDNER ELBTAL UND INS GEBIRGE

Vom Helfenberger Grund aus geht die Tour nun links weiter ein Stück bergan auf dem Dichter-Musiker-Maler-Weg bis zum Helfenberger Park, der vermutlich im 17. Jahrhundert angelegt wurde. Dort stehen zwei Hängebuchen, die unter Naturschutz stehen. Das Helfenberger Schloss befindet sich heute in Privatbesitz. Die Wanderung folgt dem Weg mit dem grünen Strich bis nach Rockau. Hier lohnt sich ein Abstecher zum Aussichtspunkt Sachsens Hiefel. Dort bietet sich ein beeindruckender Blick ins Elbtal und auf die Stadt Dresden. In der Ferne lassen sich das Osterzgebirge und die Böhmische Schweiz erkennen.

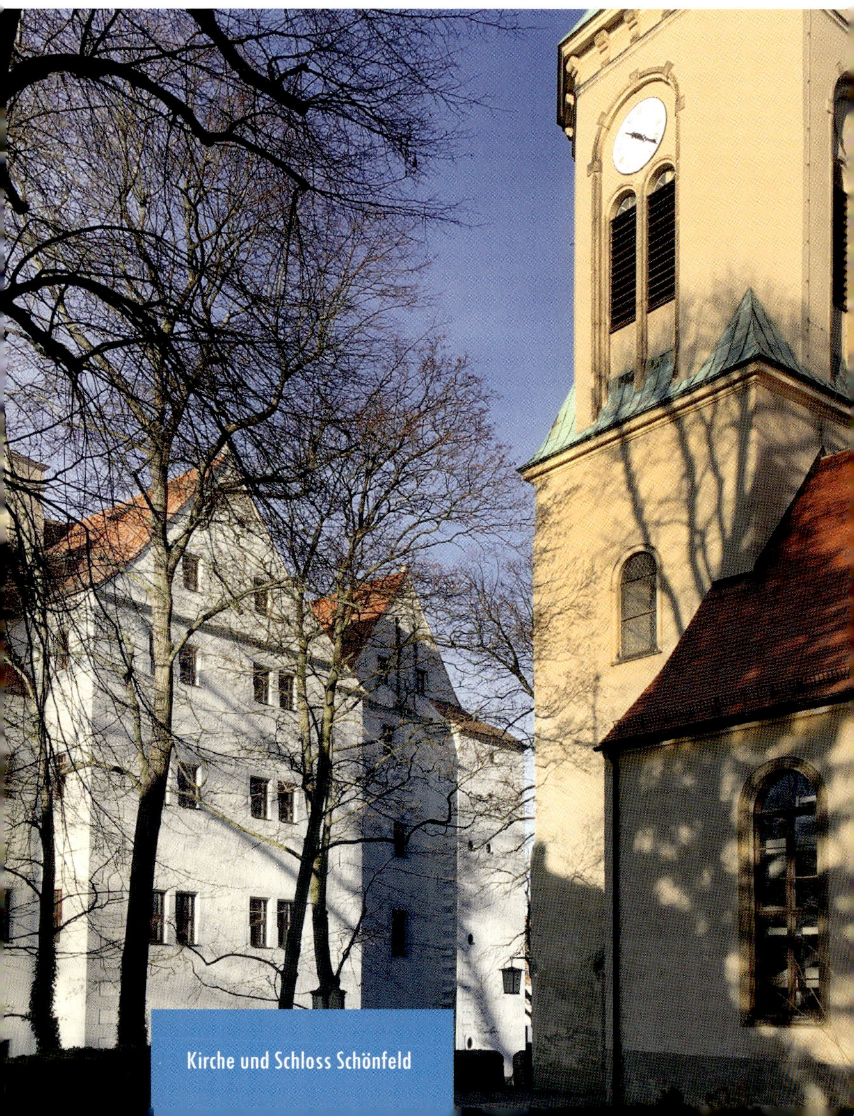

Kirche und Schloss Schönfeld

Zurück auf dem Rockauer Ring geht es der grünen Markierung folgend weiter, hinein in den Keppgrund. Schon Carl Maria von Weber soll in diesem romantischen Tal Inspiration für seine Werke gefunden haben. Auch die Keppmühle soll der Komponist schon im 19. Jahrhundert besucht haben. Sie war damals ein beliebtes Ausflugslokal. Heute wird das Fachwerkhaus als Wohnsitz genutzt. Unsere Tour führt weiter Richtung Malschendorf. Wer mehr Strecke machen möchte, kann im Keppgrund noch weiter zum Zuckerhut laufen und von dort aus zurück nach Malschendorf kommen.

Es geht nun zum Aussichtspunkt auf der Malschendorfer Höhe. Manche Wanderer genießen den Blick vor allem zur Kirschblütenzeit. Auf den Bänken lässt sich hervorragend verweilen und innehalten.

EIN SCHLOSS LÄDT ZUM TRÄUMEN EIN

Scharf links geht es dann weiter durch Krieschendorf, dem grünen Strich folgend. Hier befindet sich ein historischer Wegweiser. Über die Straße „Zur Sandgrube" geht es bis nach Schönfeld. Sehenswert sind hier die Kirche an der Borsberger Straße sowie das Schloss. Es gilt heute als eines der bedeutendsten Schlösser der Neorenaissance in Sachsen. Im 13. Jahrhundert wurde es als Wasserburg erstmals urkundlich erwähnt. An bestimmten Tagen werden Führungen angeboten. Am Schlossteich vorbei führt die Wanderung nun auf der Mittelstraße Richtung Eichbusch. Dort geht es weiter auf dem schmalen Wanderweg „Mastenweg" nach Cunnersdorf. Am Ende des Ortes führt der Cunnersdorfer Weg links nach Gönnsdorf und über die Kirschallee zum Ausgangspunkt zurück.

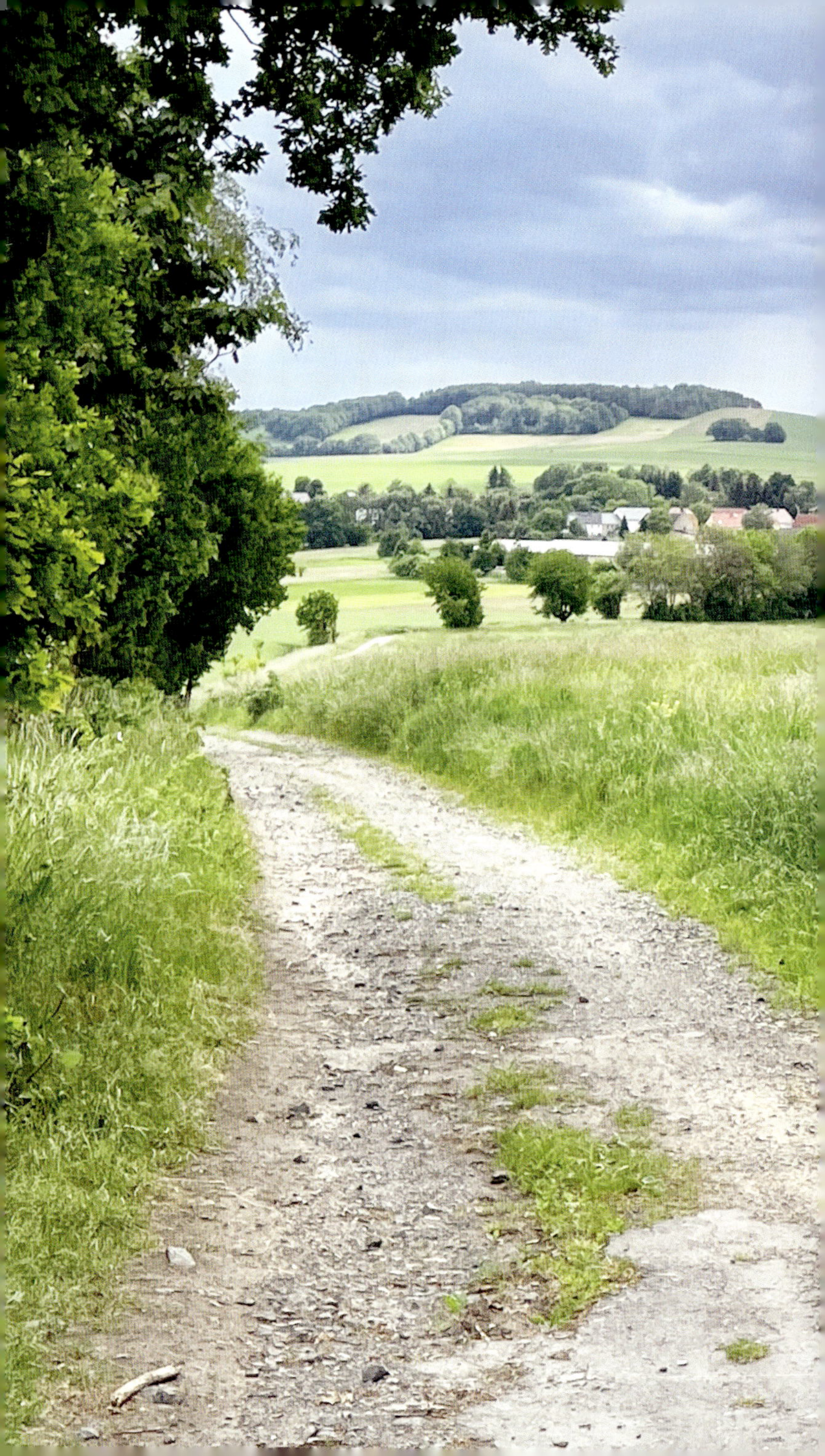

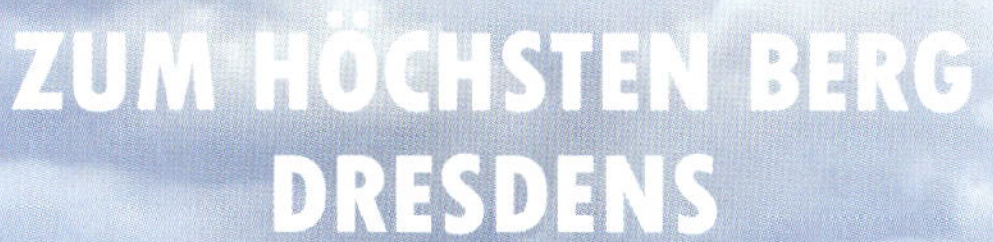

ZUM HÖCHSTEN BERG DRESDENS

Eine Wanderung von Dittersbach über den Doberberg zum Triebenberg und zurück

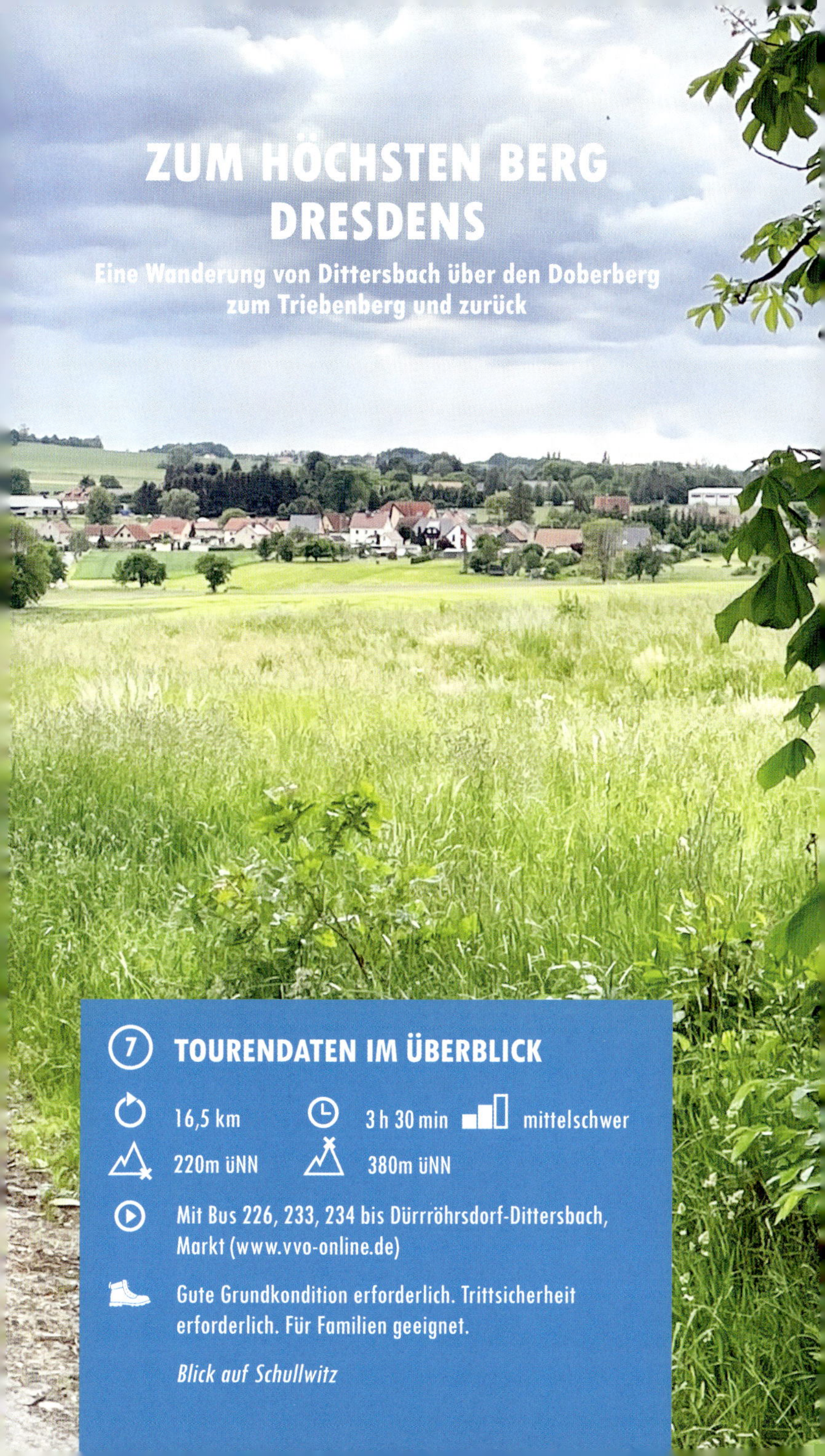

(7) TOURENDATEN IM ÜBERBLICK

16,5 km — 3 h 30 min — mittelschwer

220m üNN — 380m üNN

Mit Bus 226, 233, 234 bis Dürrröhrsdorf-Dittersbach, Markt (www.vvo-online.de)

Gute Grundkondition erforderlich. Trittsicherheit erforderlich. Für Familien geeignet.

Blick auf Schullwitz

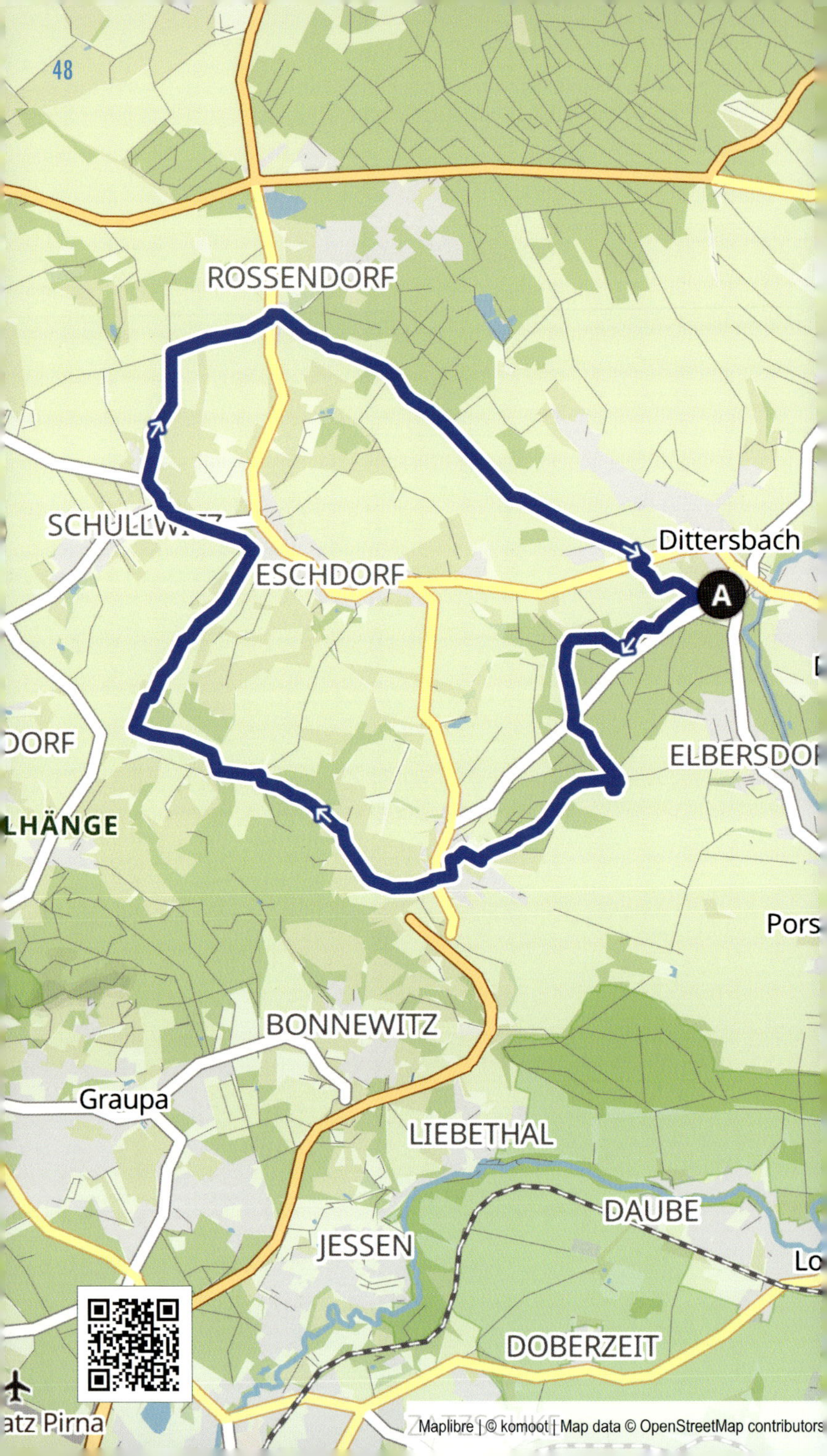
ROSSENDORF
SCHULLW
ESCHDORF
Dittersbach
A
ELBERSDO
DORF
LHÄNGE
Pors
BONNEWITZ
Graupa
LIEBETHAL
DAUBE
Lo
JESSEN
DOBERZEIT
atz Pirna
Maplibre | © komoot | Map data © OpenStreetMap contributors

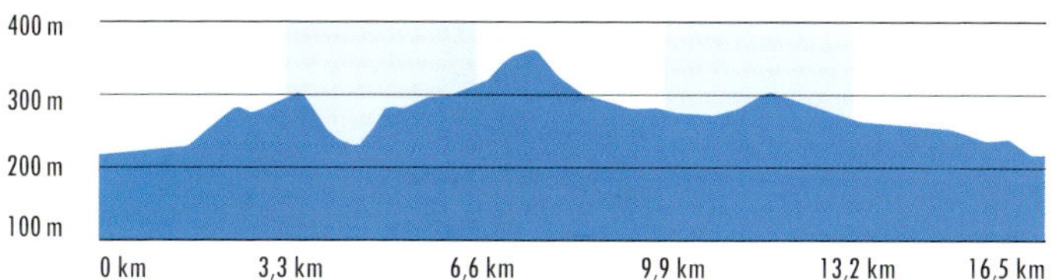

ZUM HÖCHSTEN BERG DRESDENS

Diese Tour beginnt auf dem Wanderparkplatz an der Stellfläche des Dittersbacher Jahrmarktes. Die Stele am Eingang weist den Weg hinein ins Lieblingstal und zugleich auf Johann Gottlob von Quandt hin. Der Kunsthistoriker erwarb das Gut Dittersbach im Jahr 1829 und ließ Schloss, Park und Tal neu gestalten sowie auf der Schönen Höhe den Turm Belvedere errichten. Hier versammelte er alles an Künstlern, was zur damaligen Zeit Rang und Namen hatte. Im Belvedere werden sonntags von 13 bis 17 Uhr Führungen durch den Freskensaal angeboten. Allerhand Wissenswertes zum Tal gibt es auch auf den Internetseiten des Quandt-Vereins.

Direkt hinter der Stele fällt der Blick auf die sanierte Hubertuskapelle. Über eine kleine Brücke führt der Weg links davon ins Tal. Es geht in sanften Biegungen am Schullwitzbach entlang und an den ersten beiden Gedenksteinen vorbei. Das König-Anton-Denkmal und die Konstitutionssäule erinnern an die Proklamation der ersten Sächsischen Verfassung im Jahre 1831.

Über die Dittersbacher Straße geht es nun leicht bergan bis zum Kastanienteich. Hier laden zwei Rastplätze zu einer kleinen Pause ein. Die Strecke führt über Feldwege weiter nach Wünschendorf, durchquert den Ort und gelangt hinauf auf

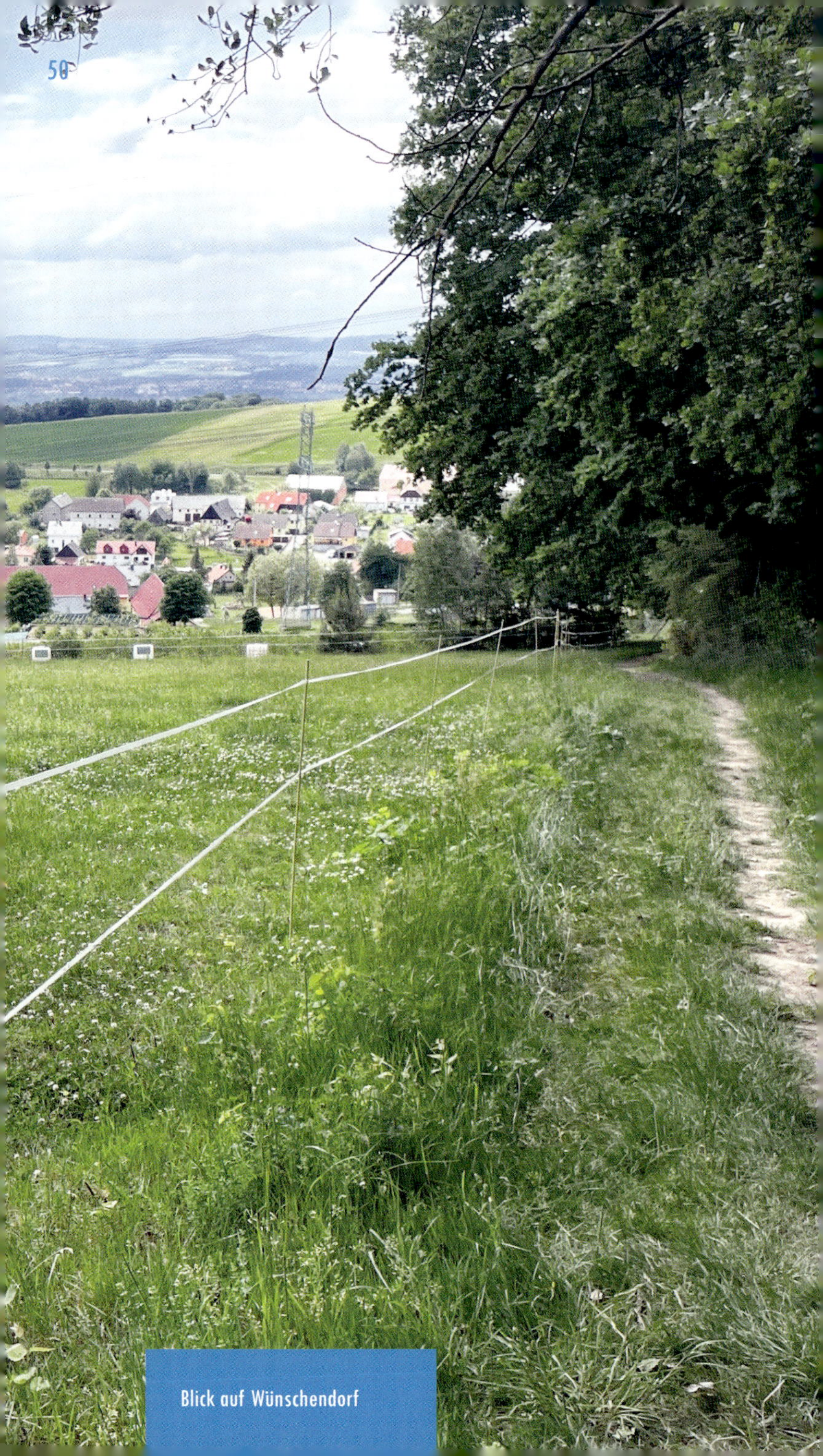

Blick auf Wünschendorf

den Doberberg, auf dem sich neben einer überdachten Raststelle auch ein Kriegerdenkmal befindet. Von dem knapp 300 Meter hohen Berg bietet sich ein schöner Ausblick auf Pirna und die Sächsische Schweiz.

Die Tour folgt nun dem Schönfeld-Weißiger Bergweg und nimmt den erstmöglichen Weg rechts hinauf zum Triebenberg. Nach einem kurzen Anstieg wird der Wanderer mit einem schönen Panoramaweg belohnt. Die höchste Erhebung Dresdens bietet Ausblicke ins Osterzgebirge, in die Sächsische Schweiz und natürlich nach Dresden.

Vom Triebenberg geht es weiter nach Eschdorf. Am alten Bahndamm biegt die Wanderung links nach Schullwitz ab. Heute ist die alte Bahnstrecke von Weißig nach Dürrröhrsdorf als Radweg ausgebaut.

In Schullwitz führt die Strecke unter der Brücke nach rechts bis zum Abzweig in die Rossendorfer Straße, die zum Hornweg wird. Jetzt geht es bis nach Rossendorf, wo die Radeberger Landstraße überquert werden muss. Am Gestüt vorbei biegt die Tour nach 100 Metern rechts in den Weg Richtung Dittersbach ein. Diesem folgt die Wanderung bis zur Eschdorfer Straße, wo es kurz rechts, dann wieder links zurück zum Eingang ins Lieblingstal geht.

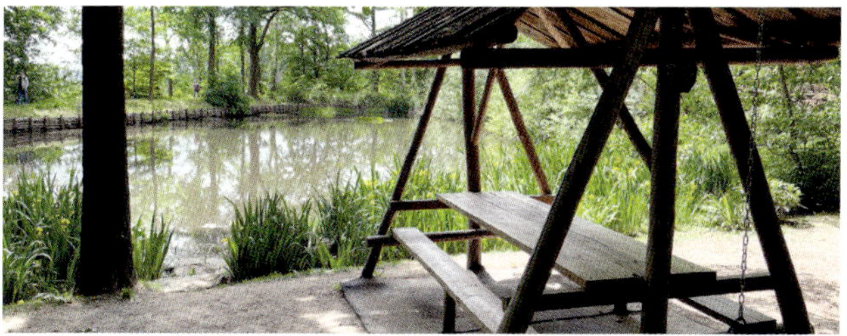

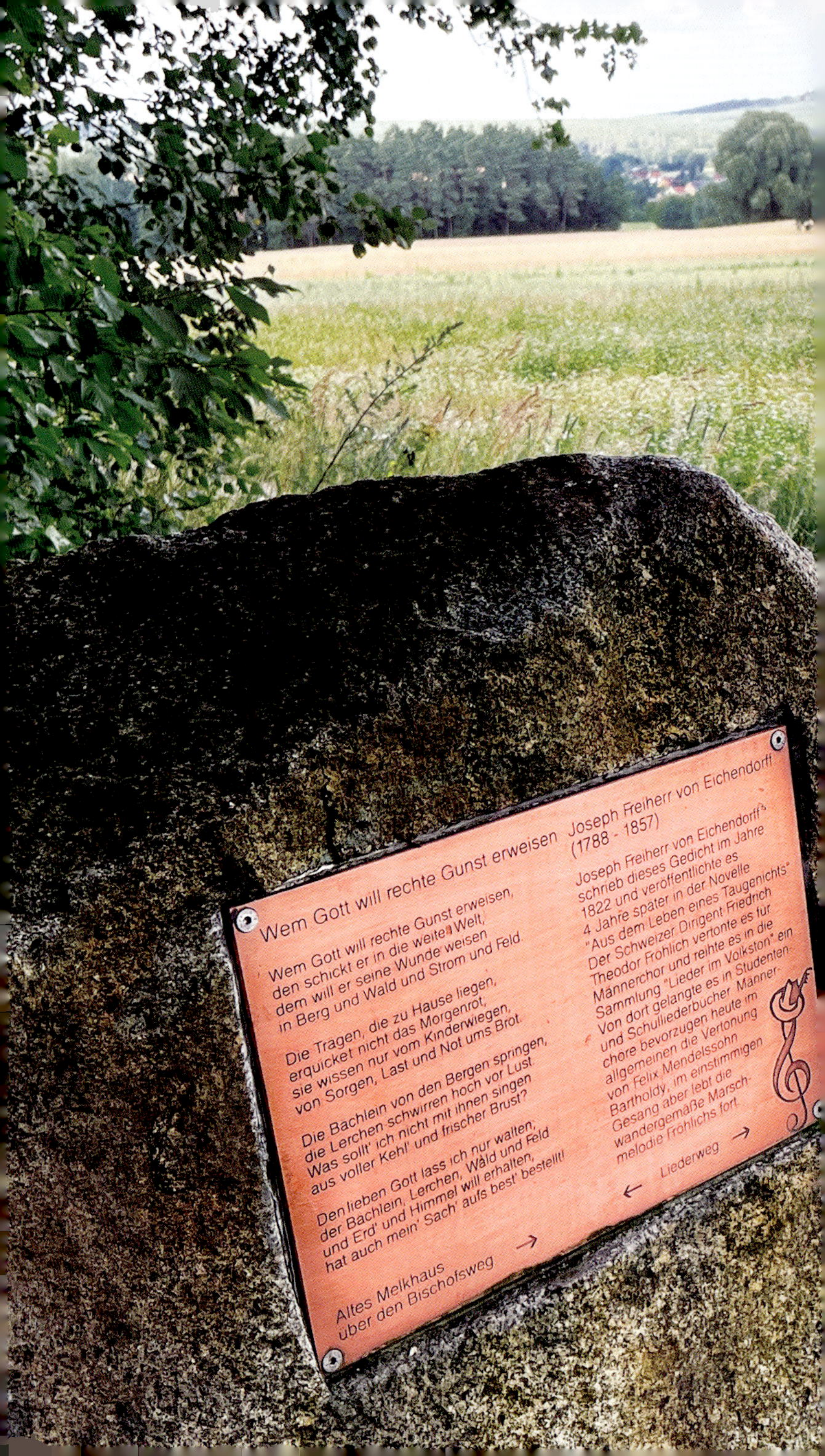
Wem Gott will rechte Gunst erweisen
Wem Gott will rechte Gunst erweisen,
den schickt er in die weite Welt,
dem will er seine Wunder weisen
in Berg und Wald und Strom und Feld.
Die Tragen, die zu Hause liegen,
erquicket nicht das Morgenrot,
sie wissen nur vom Kinderwiegen,
von Sorgen, Last und Not ums Brot.
Die Bachlein von den Bergen springen,
die Lerchen schwirren hoch vor Lust.
Was sollt' ich nicht mit ihnen singen
aus voller Kehl' und frischer Brust?
Den lieben Gott lass ich nur walten,
der Bachlein, Lerchen, Wald und Feld
und Erd' und Himmel will erhalten,
hat auch mein' Sach' aufs best' bestellt!
Altes Melkhaus
über den Bischofsweg →
Joseph Freiherr von Eichendorff
(1788 - 1857)
Joseph Freiherr von Eichendorff³
schrieb dieses Gedicht im Jahre
1822 und veröffentlichte es
4 Jahre spater in der Novelle
"Aus dem Leben eines Taugenichts"
Der Schweizer Dirigent Friedrich
Theodor Fröhlich vertonte es für
Männerchor und reihte es in die
Sammlung "Lieder im Volkston" ein
Von dort gelangte es in Studenten-
und Schulliederbücher. Männer-
chöre bevorzugen heute im
allgemeinen die Vertonung
von Felix Mendelssohn
Bartholdy, im einstimmigen
Gesang aber lebt die
wandergemäße Marsch-
melodie Fröhlichs fort.
← Liederweg →

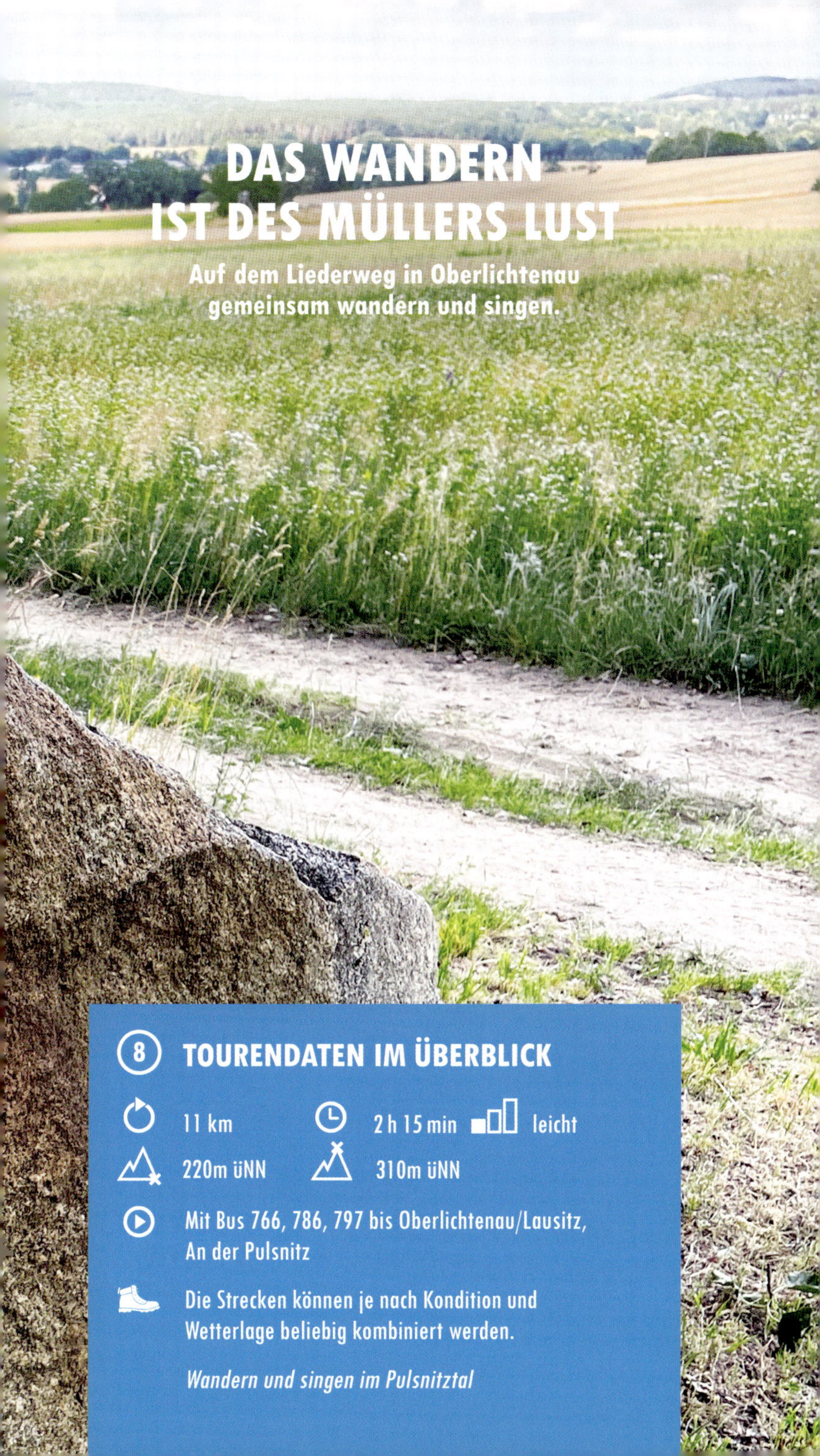

DAS WANDERN IST DES MÜLLERS LUST

Auf dem Liederweg in Oberlichtenau gemeinsam wandern und singen.

8 TOURENDATEN IM ÜBERBLICK

11 km | 2 h 15 min | leicht

220m üNN | 310m üNN

Mit Bus 766, 786, 797 bis Oberlichtenau/Lausitz, An der Pulsnitz

Die Strecken können je nach Kondition und Wetterlage beliebig kombiniert werden.

Wandern und singen im Pulsnitztal

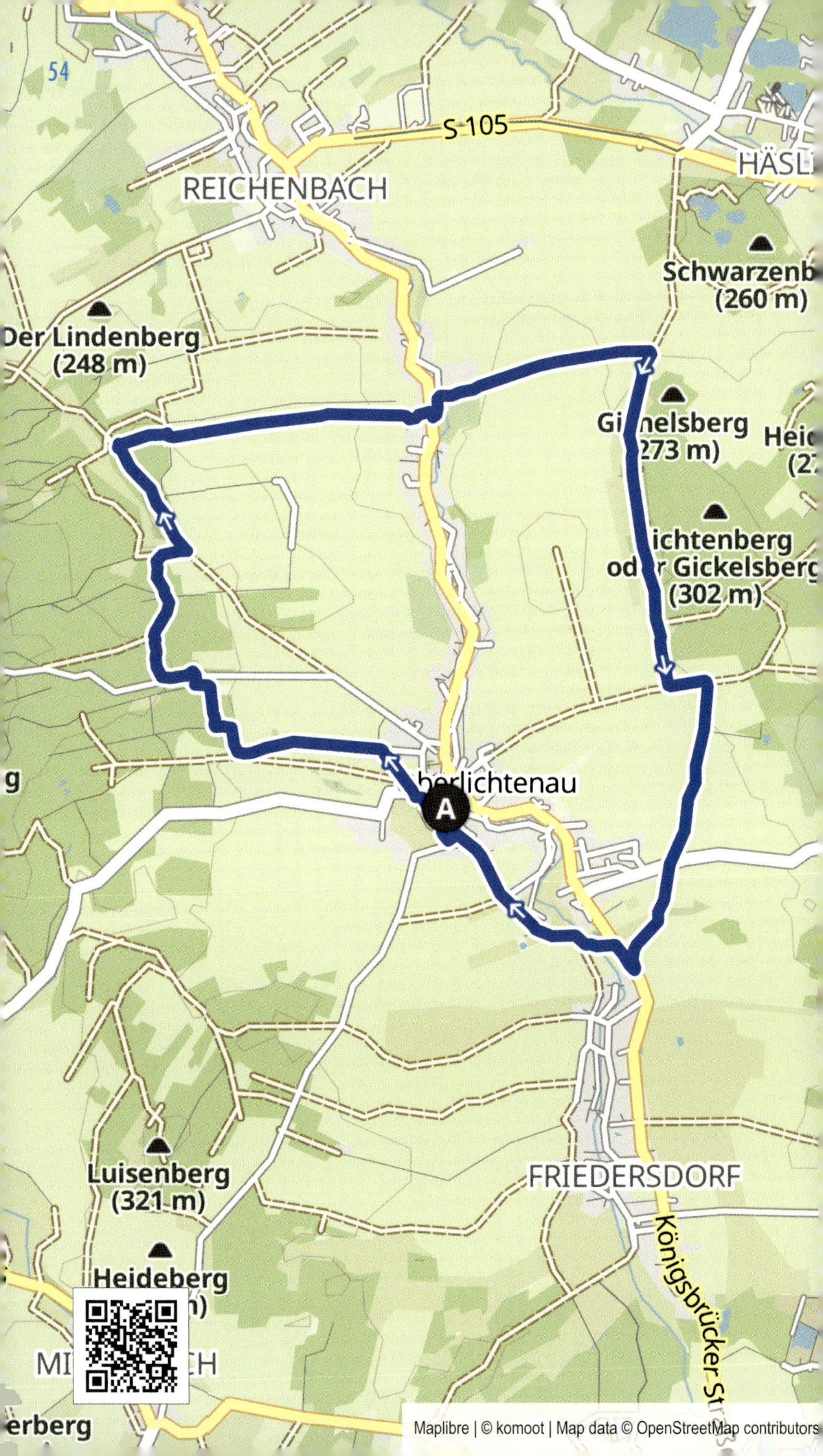
54
S 105
REICHENBACH
HÄSL
Schwarzenb
(260 m)
Der Lindenberg
(248 m)
Gi nelsberg
273 m)
ichtenberg
od r Gickelsberg
(302 m)
berlichtenau
A
Luisenberg
(321 m)
Heideberg
FRIEDERSDORF
Königsbrücker Str
erberg
Maplibre | © komoot | Map data © OpenStreetMap contributors

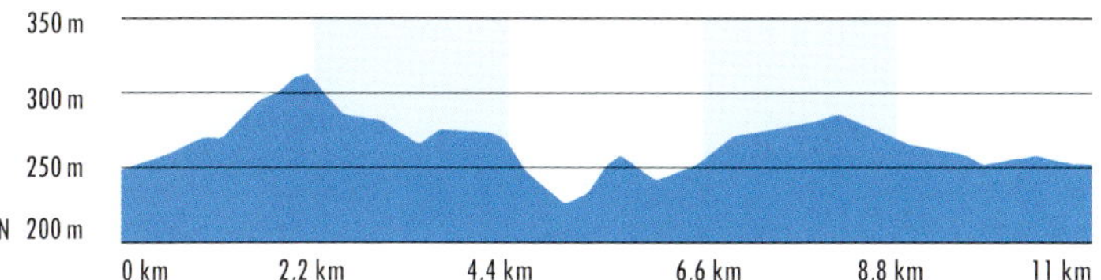

DAS WANDERN IST DES MÜLLERS LUST

Singen und frische Luft sind bekanntlich sehr gesund – warum also nicht beides verbinden? Eine ideale Möglichkeit dazu ist der Deutsche Liederweg in und um Oberlichtenau im Pulsnitztal: An insgesamt 64 Liedersteinen finden Wanderer und Spaziergänger die Texte von Volks-, Kinder- und Kirchenliedern aus unterschiedlichen Epochen.

Je nach Lust und Kondition können die Sänger die Gesamtstrecke absolvieren oder unter verschiedenen thematischen Teilstücken wählen. Eins davon ist der Kinderliederweg, der am Bienenmuseum mit „Ich bin die Frau Hummel" beginnt. Wir wählen eine größere Tour, die am romantischen Barockschloss beginnt. Das von einem gepflegten Park umgebene Anwesen aus der ersten Hälfte des 18. Jahrhunderts, das unter anderem dem berühmten sächsischen Minister Graf Heinrich von Brühl gehörte, wird heute vor allem für größere Feierlichkeiten genutzt. Graf Christian Gottlieb von Holtzendorff hatte das Schloss errichten und den Park ab 1724 anlegen lassen. Das Gelände ist im englischen und französischen Stil gehalten und beherbergt wertvolle Sandsteinplastiken des Bildhauers Balthasar Permoser.

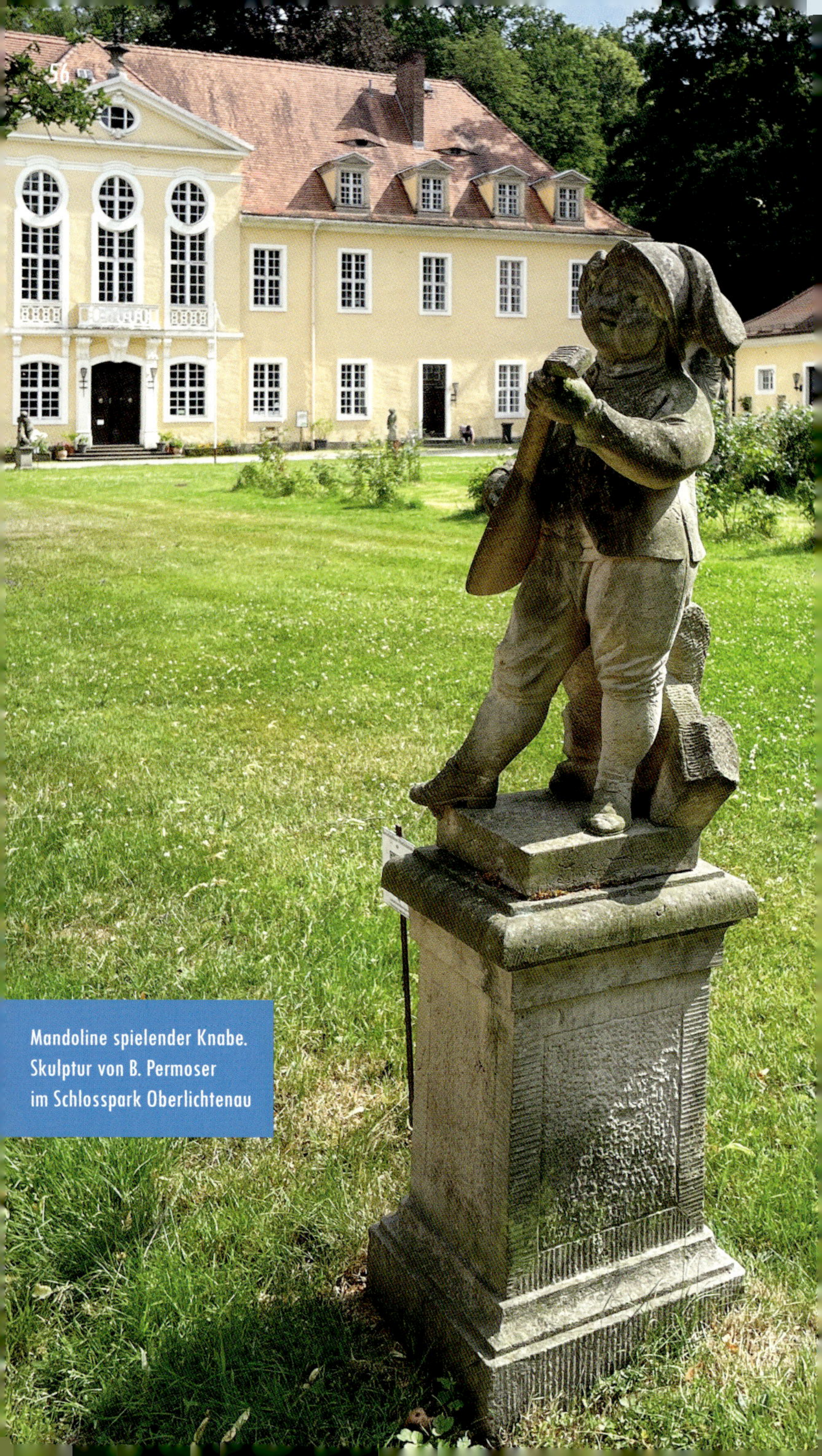

Mandoline spielender Knabe.
Skulptur von B. Permoser
im Schlosspark Oberlichtenau

Die Strecke führt vom Park über die Lindenallee, vorbei am Schwenkteich. Kurz danach stoßen wir auf die erste Liedertafel. Alle Steine sind jeweils mit einem Liedtext sowie dazugehörenden Hintergrundinformationen bestückt. Durch ein Wäldchen geht es weiter über den Sandweg, links liegt der Keulenberg. Wir wenden uns nach rechts und genießen die schöne Aussicht über die Felder. Die Tour quert nun den Ort. Mit Liedern wie „Ich geh durch einen grasgrünen Wald" und „Im Frühtau zu Berge" wandert es sich beschwingt vorbei am Gickelsberg und ein ganzes Stück hinunter bis zu einer Raststelle, wo es einiges Wissenswertes zum Liederweg zu lesen gibt. Über den Brennerpass geht es schließlich zurück zum Ausgangspunkt. Am Ende des Weges wartet auf die kleinen Sänger ein reizvoller Spielplatz im Bibelland. Hier gibt es auch allerhand Sehenswertes für Erwachsene wie Nachbildungen aus dem biblischen Alltag oder eine byzantinische Mini-Basilika.

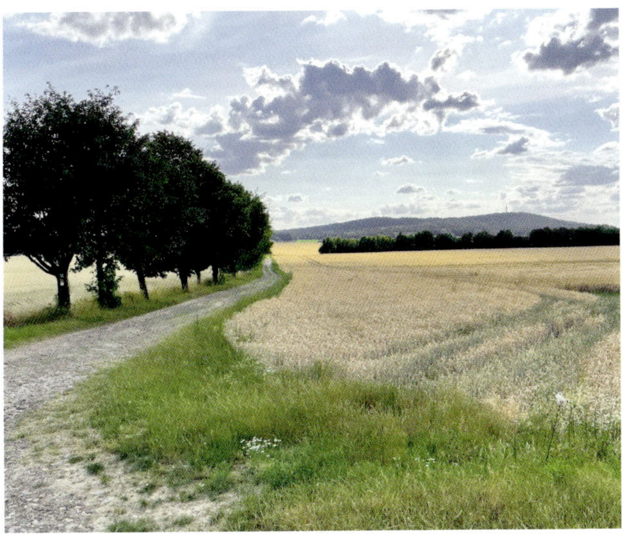

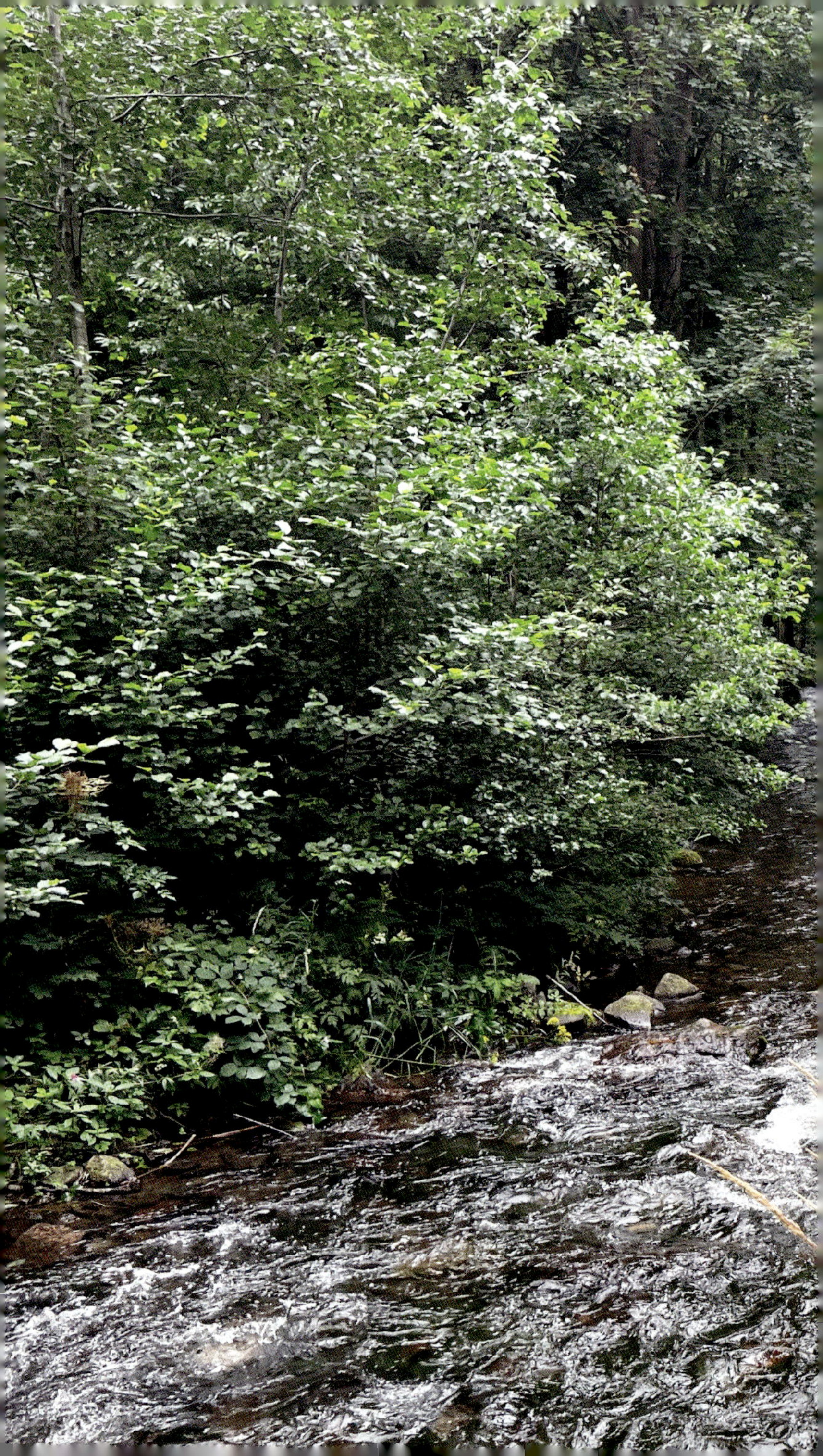

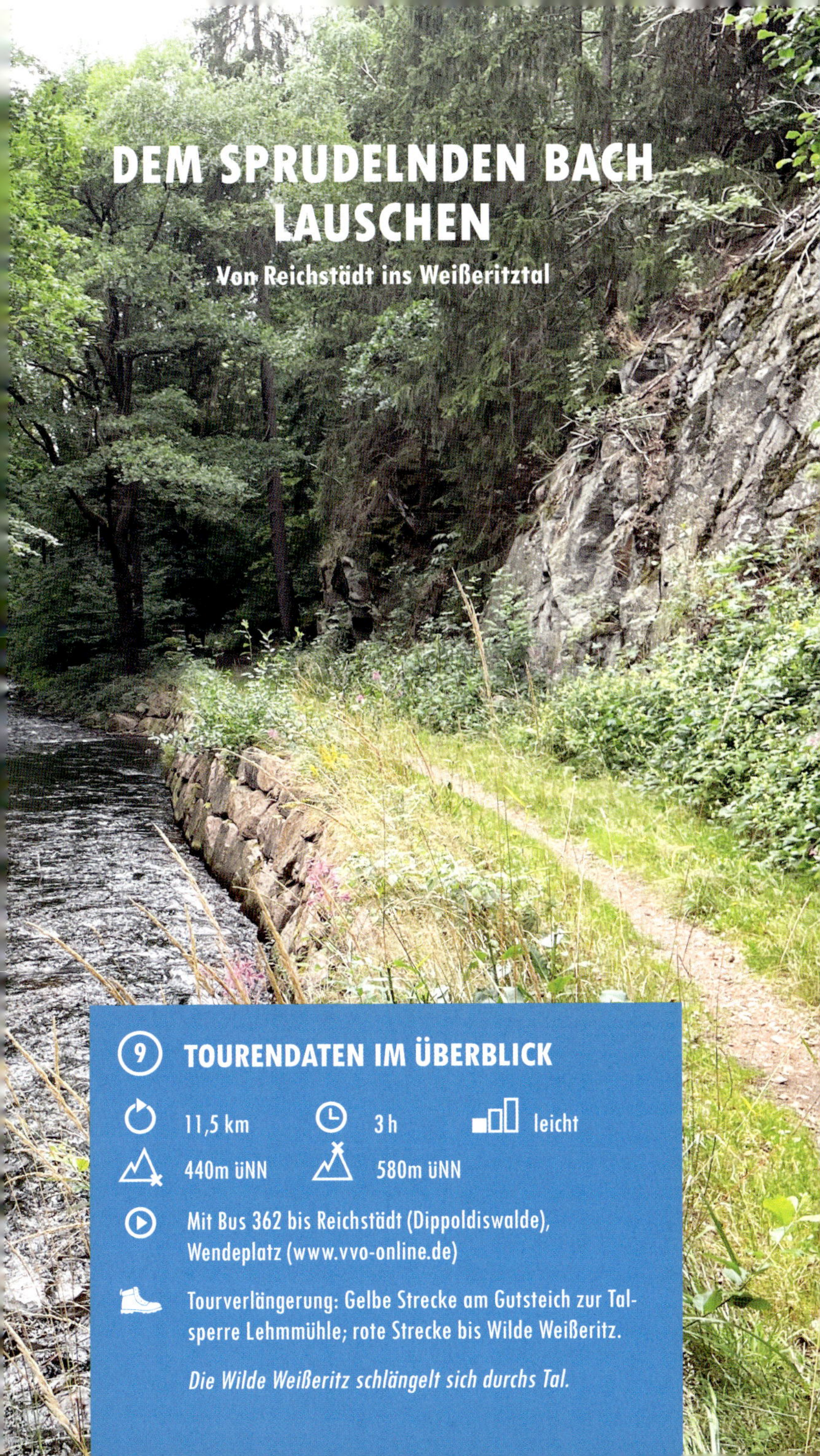

DEM SPRUDELNDEN BACH LAUSCHEN

Von Reichstädt ins Weißeritztal

9 TOURENDATEN IM ÜBERBLICK

11,5 km | 3 h | leicht

440m üNN | 580m üNN

Mit Bus 362 bis Reichstädt (Dippoldiswalde), Wendeplatz (www.vvo-online.de)

Tourverlängerung: Gelbe Strecke am Gutsteich zur Talsperre Lehmmühle; rote Strecke bis Wilde Weißeritz.

Die Wilde Weißeritz schlängelt sich durchs Tal.

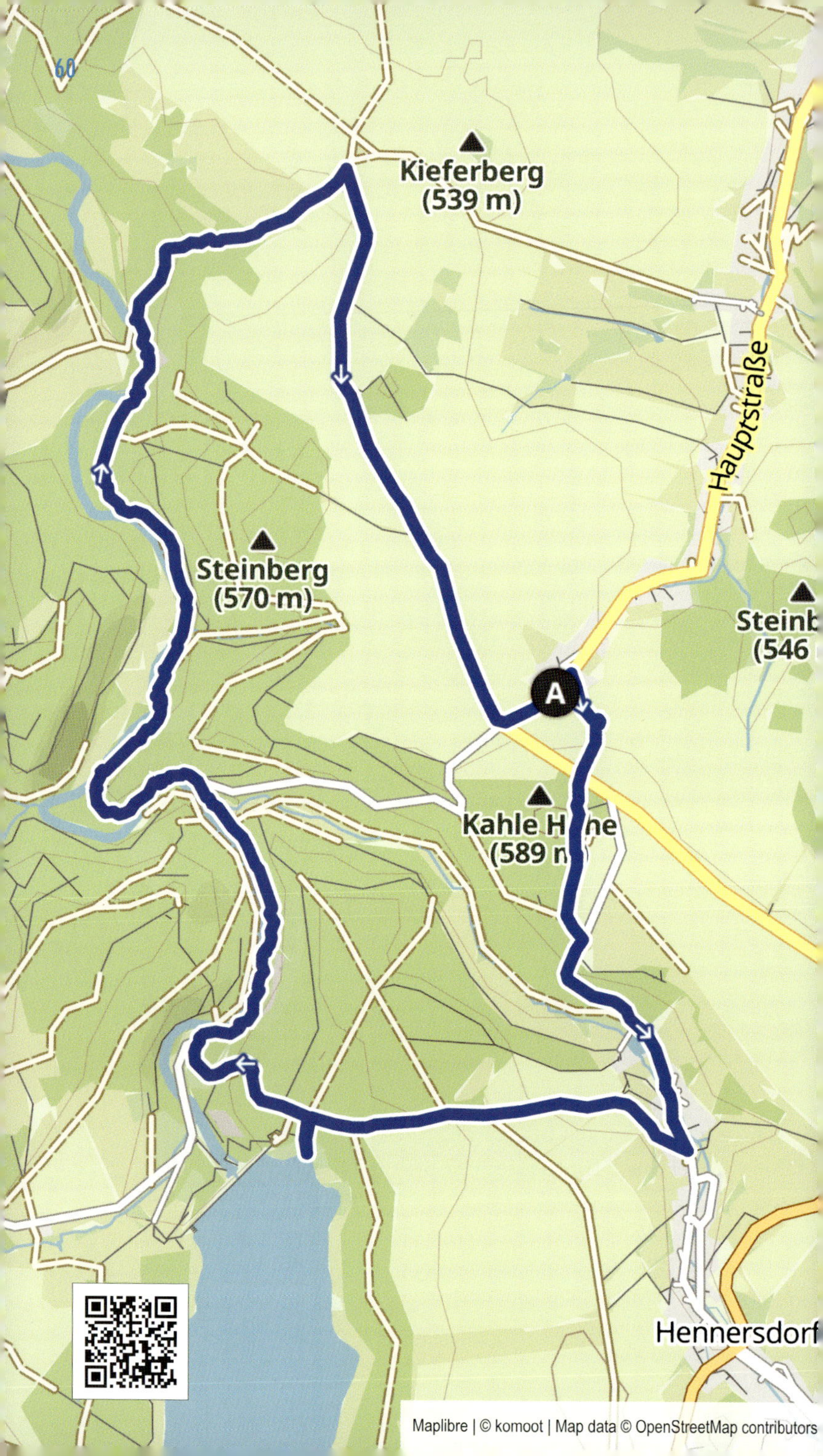

Kieferberg
(539 m)
Hauptstraße
Steinberg
(570 m)
Steinb
(546
A
Kahle H he
(589 m
Hennersdorf
Maplibre | © komoot | Map data © OpenStreetMap contributors

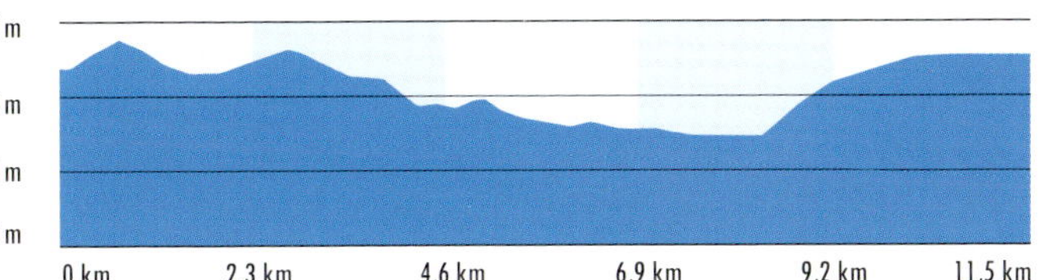

DEM SPRUDELNDEN BACH LAUSCHEN

Start der Wanderung ist an der Bushaltestelle Wendeplatz in Reichstädt bei Dippoldiswalde. Auch ein Parkplatz befindet sich in unmittelbarer Nähe. Die Tour folgt der gelben Markierung in Richtung der neogotischen Gruftkapelle, die in einem kleinen Waldstück steht. Von hier aus bietet sich ein schöner Ausblick. Euphrosina von Schönberg veranlasste 1902 den Bau der Kapelle, das Gebäude diente als Erbbegräbnisstätte der Ritterguts-Familie von Schönberg. Heute wird der obere Raum im Sommer für Gottesdienste genutzt. Die Tour folgt der gelben Markierung bis zum Gutsteich am alten Lehngut Hennersdorf. Hier steht auch eine Bank, um eine kurze Rast zu machen. Am Gutsteich ein kleines Stück in Hennersdorf hineinlaufen, dann rechts abbiegen und der gelben Markierung zur Talsperre Lehmmühle folgen. Dort angekommen, schlagen wir die rote Strecke ein, die in das romantische Tal der Wilden Weißeritz führt.

Kurz vor der Steilkurve geht es links weiter zum Wanderweg mit der roten Markierung. Dies ist gleichzeitig der Themenlehrpfad Trinkwasser, der bis zur Talsperre Klingenberg reicht. Das Trinkwasser-Schutzgebiet, das zum Talsperrensystem Klingenberg/Lehnmühle gehört, umfasst insgesamt 89 Quadratkilometer. Etwa ein Fünftel der Fläche befindet sich auf tschechischem Gebiet.

Holländerwindmühle in Reichstädt

Unsere Tour biegt jedoch weit vor der Talsperre bereits wieder ab. Hinter dem technischen Versuchsgerinne Röthenbach befindet sich linker Hand eine Brücke über die Wilde Weißeritz. Die Strecke geht hier jedoch nicht über die Brücke, sondern rechts weiter und folgt der gelben Markierung den Berghang hinauf. Dieses Stück führt zunächst durch Wald, bevor es an weite Felder gelangt. An der Abzweigung geht es nun rechts auf dem Firstenweg zurück nach Reichstädt. Hier bietet sich eine beeindruckende Sicht ins Osterzgebirge und nach Dresden. Auch die Gruftkapelle und die Reichstädter Windmühle sind von hier oben gut zu sehen.

ZUR KLEINSTEN UND HÖCHSTGELEGENEN MÜHLE

An der Kreuzung zur Hauptstraße steht eine historische Wegsäule. Hier biegt die Wanderung links Richtung Startpunkt ab, vorbei an der Turmholländerwindmühle. Mit ihren siebeneinhalb Metern gilt sie als kleinste und zugleich höchstgelegene (544 Meter über Normalnull) Windmühle Deutschlands. Um 1850 herum ließ Bauer Johann Gottlieb Zönnchen sie für den Eigenbedarf errichten. Heute kümmert sich der Heimatverein Reichstädter Windmühle e.V. um die Instandhaltung und Präsentation der Mühle, beispielsweise zum Deutschen Mühlentag. Auch das Butterhäuschen, das sich ganz in der Nähe befindet, wurde vom Verein 2015 renoviert. Den Eingang ziert eine Holzschnitzerei, auf der unter anderem die Windmühle und die Dorfkirche zu sehen sind. Das Haus ist für Besucher zugänglich und dient als Raststelle.

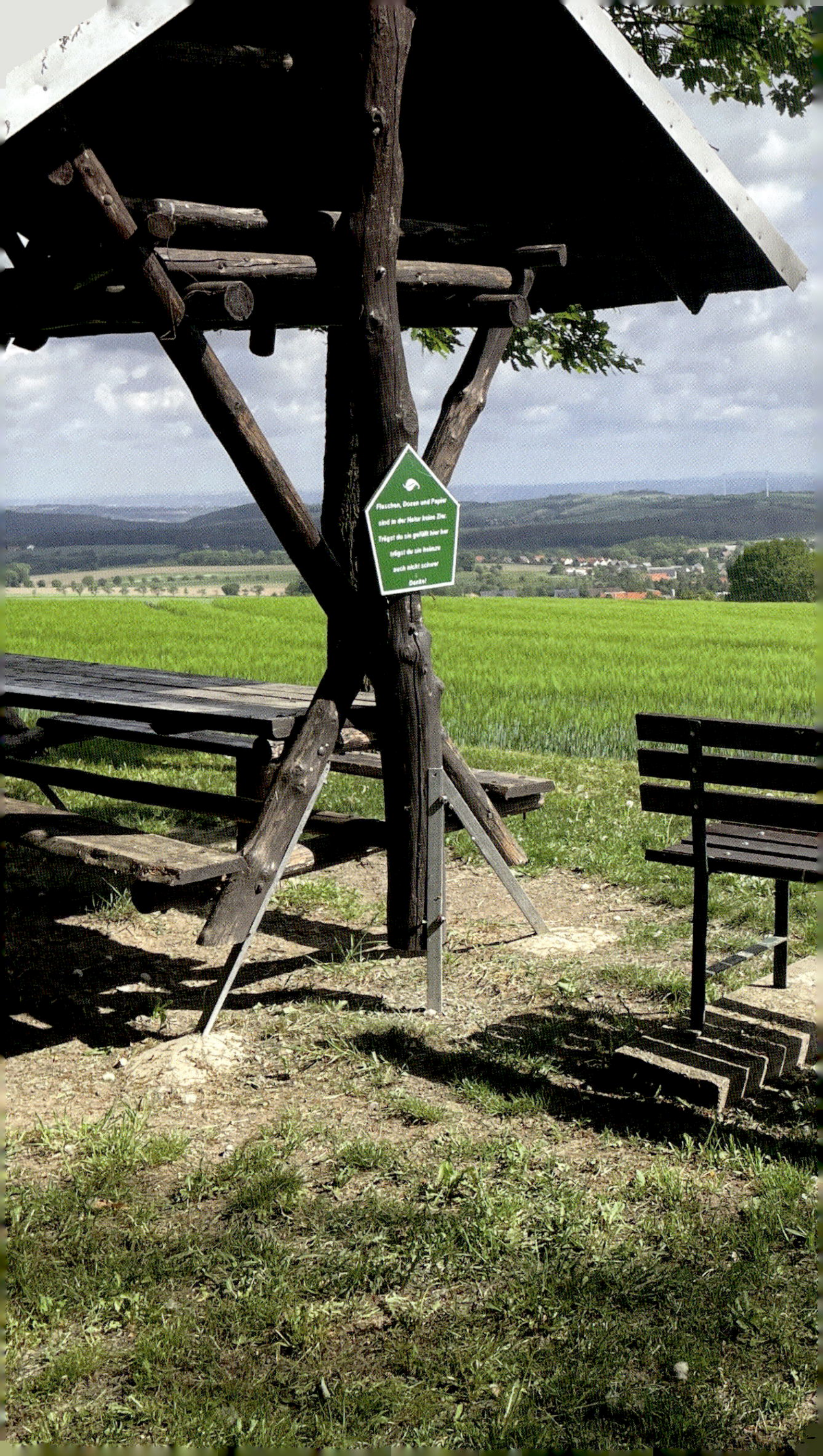
Flaschen, Dosen und Papier
sind in der Natur keine Zier.
Trägst du sie gefüllt hier her
trägst du sie heimzu
auch nicht schwer
Danke!

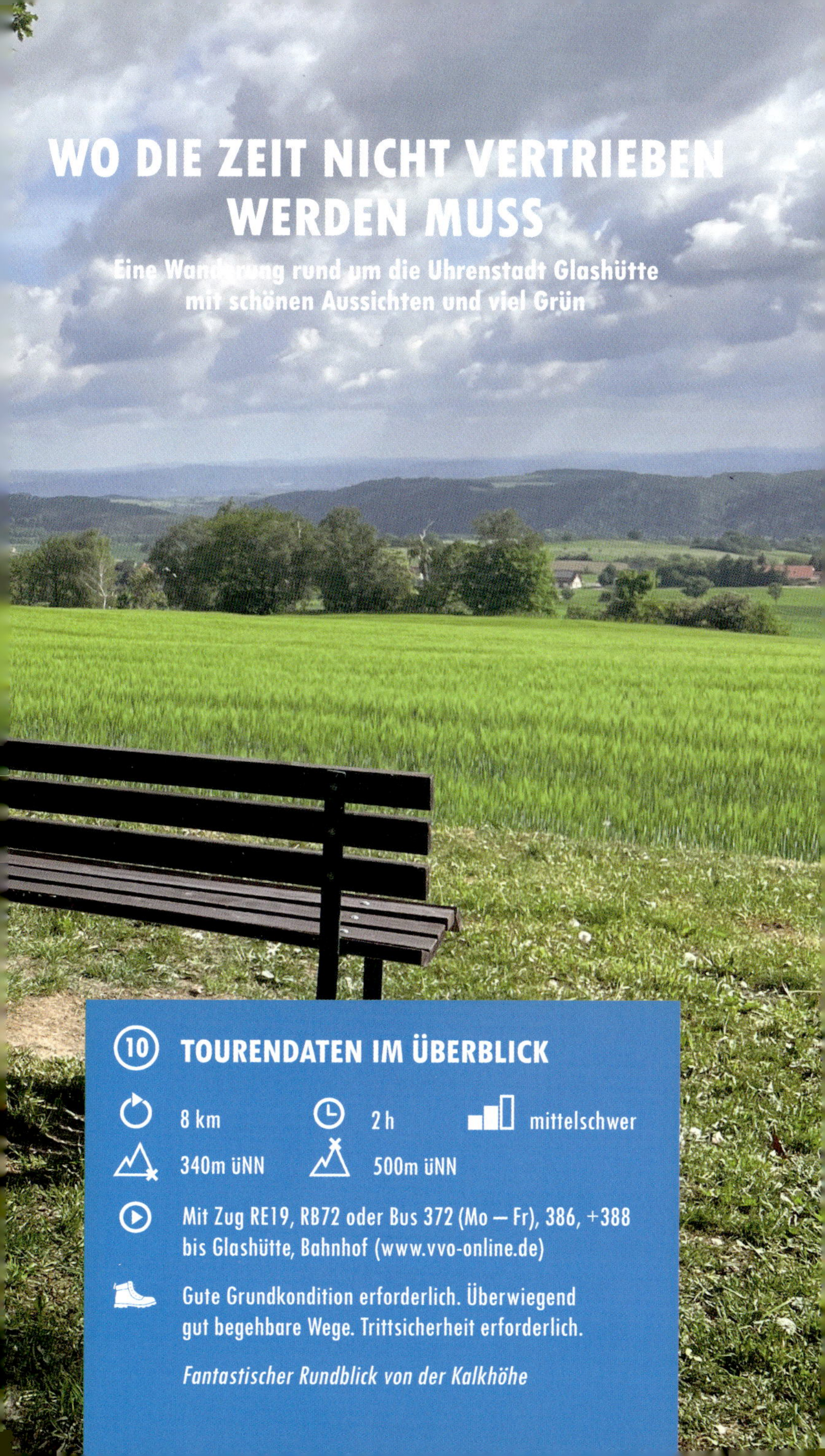

WO DIE ZEIT NICHT VERTRIEBEN WERDEN MUSS

Eine Wanderung rund um die Uhrenstadt Glashütte mit schönen Aussichten und viel Grün

(10) TOURENDATEN IM ÜBERBLICK

8 km | 2 h | mittelschwer

340m üNN | 500m üNN

Mit Zug RE19, RB72 oder Bus 372 (Mo – Fr), 386, +388 bis Glashütte, Bahnhof (www.vvo-online.de)

Gute Grundkondition erforderlich. Überwiegend gut begehbare Wege. Trittsicherheit erforderlich.

Fantastischer Rundblick von der Kalkhöhe

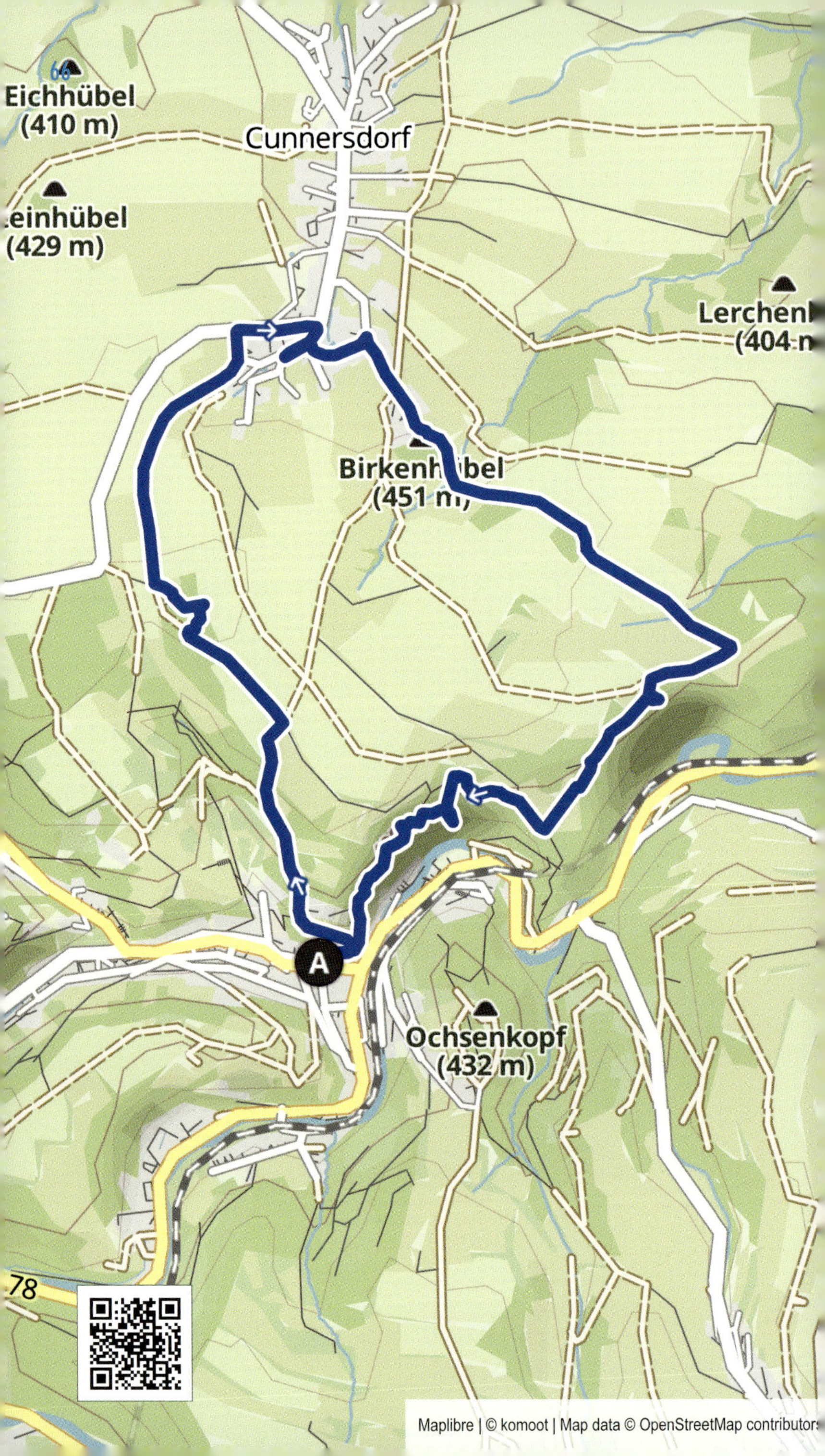
Eichhübel
(410 m)
Cunnersdorf
einhübel
(429 m)
Lerchen
(404 m
Birkenhübel
(451 m)
Ochsenkopf
(432 m)
78
Maplibre | © komoot | Map data © OpenStreetMap contributors

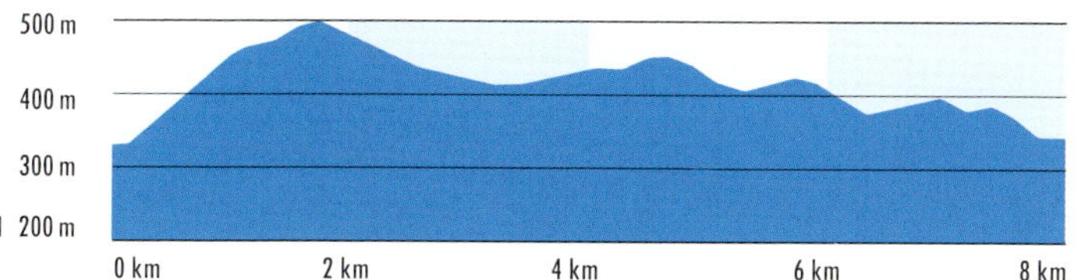

WO DIE ZEIT NICHT VERTRIEBEN WERDEN MUSS

Start dieser Tour ist am Bahnhof Glashütte. Von dort aus geht es Richtung Uhrenmuseum. Wer mag, kann vor oder nach der Tour einen Abstecher ins Museum machen. In den Ferien werden dort montags, mittwochs und freitags nach Voranmeldung Führungen veranstaltet. Die Strecke folgt dem gelben Punkt bergan auf dem Cunnersdorfer Weg. An der Ruhlabank bietet sich der erste schöne Ausblick auf Glashütte.

Durch etwas waldigeres Gebiet führt der Weg nun weiter, bis der Wanderer an offene Felder und zur Cunnersdorfer Linde gelangt. Bei klarem Wetter schweift der Blick hier über das Müglitztal ins Osterzgebirge und Elbsandsteingebirge, teilweise reicht die Sicht sogar bis zum Hohen Schneeberg. Die Linde umgibt eine Legende. Im Jahre 1776 soll der Erb- und Lehnrichter J. Gottlieb Hoym seine Ehefrau ermordet haben. Er wurde dafür enthauptet und begraben. Auf seinem Grab soll die Linde gepflanzt worden sein, um an seine Tat zu erinnern. Die Stelle an der Cunnersdorfer Linde wird im Volksmund daher auch die „Ruhe“ genannt – weil hier der Sünder ruht. Anderen Quellen zufolge hat dieser Ort den Beinamen, weil hier vor dem Bau der Müglitztalstraße die Fuhrleute mit ihren Pferden nach dem Aufstieg ausruhten, wenn sie auf dem Weg nach Dresden waren.

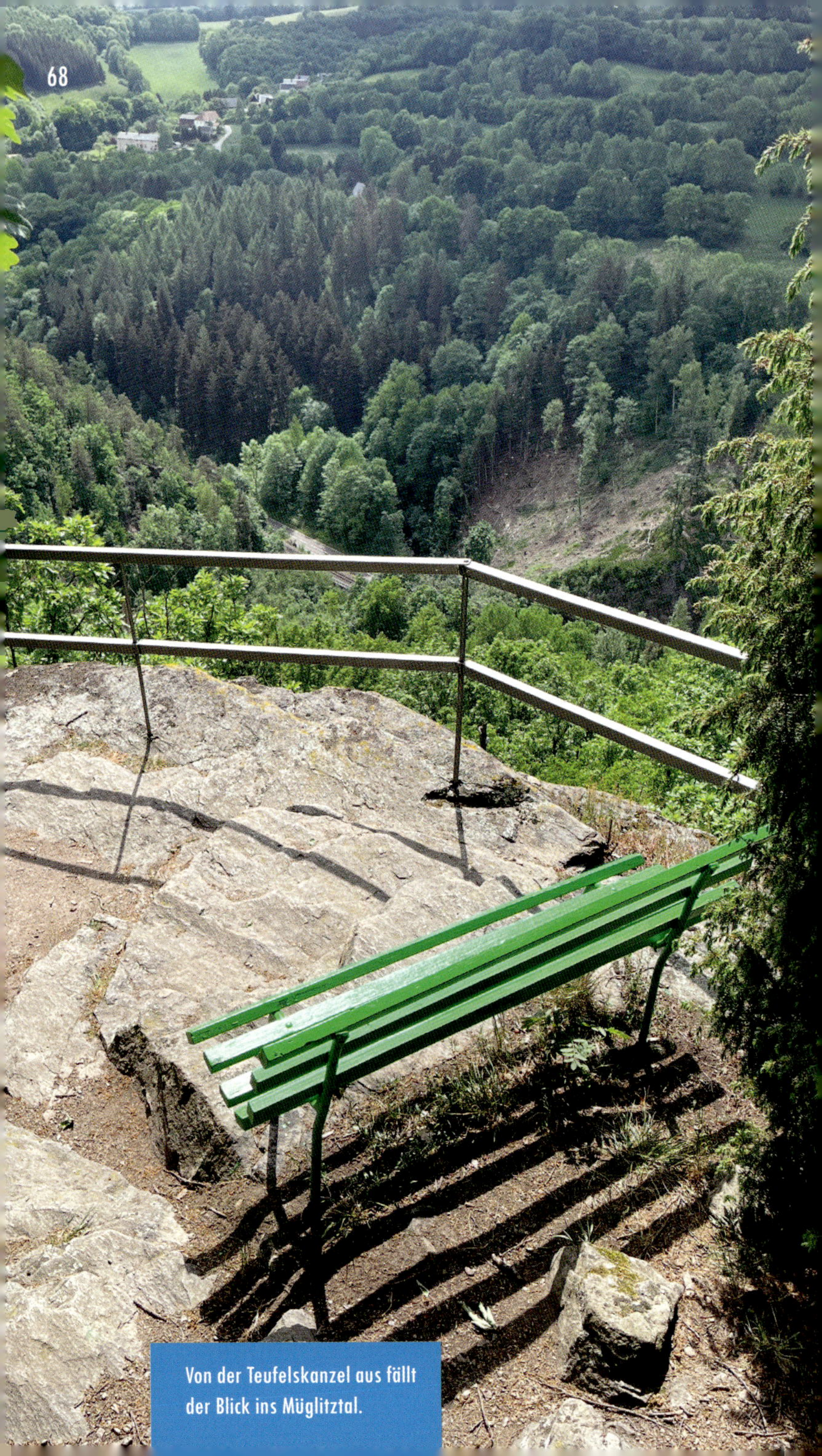

Von der Teufelskanzel aus fällt der Blick ins Müglitztal.

BUNTE BLÜTEN UND KRÄUTERREICHE WIESEN

An der Linde biegt die Tour nach links ab und folgt der gelben Markierung bis zur Kalkhöhe. Dieser Aussichtspunkt liegt in 500 Metern Höhe und bietet eine Möglichkeit zur Rast. Von hier aus blickt der Wanderer auf die Tafelberge der Sächsischen Schweiz.

Nach einem kurzen Stück der gelben Markierung folgend geht es nun rechts in den Feldweg Richtung Cunnersdorf, ein kleines Stück durch den Ort und auf einen Feldweg, der am Birkenhügel vorbeiführt. Die nun folgenden Flachland-Mähwiesen gehören zu den artenreichsten Lebensräumen der Region. Hier sind Grauammern ebenso zu Hause wie Schachbrettfalter oder die Hainschwebfliege. Hier blühen Rotschwingel, Wolliges Honiggras und Frauenmantel.

Der Weg macht nun eine Biegung nach rechts und führt zur Teufelskanzel, von der aus der Wanderer ins Müglitztal schaut. Der grünen Markierung folgend geht es zum Eselsteig und dort rechts. Nächster Halt: Aussichtspunkt Bastei mit Blick auf Glashütte. Knapp einen Kilometer geht es dann auf diesem Weg zurück zum Ausgangspunkt.

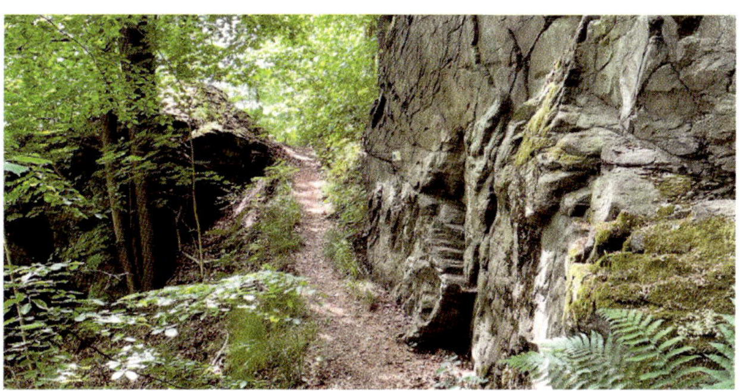

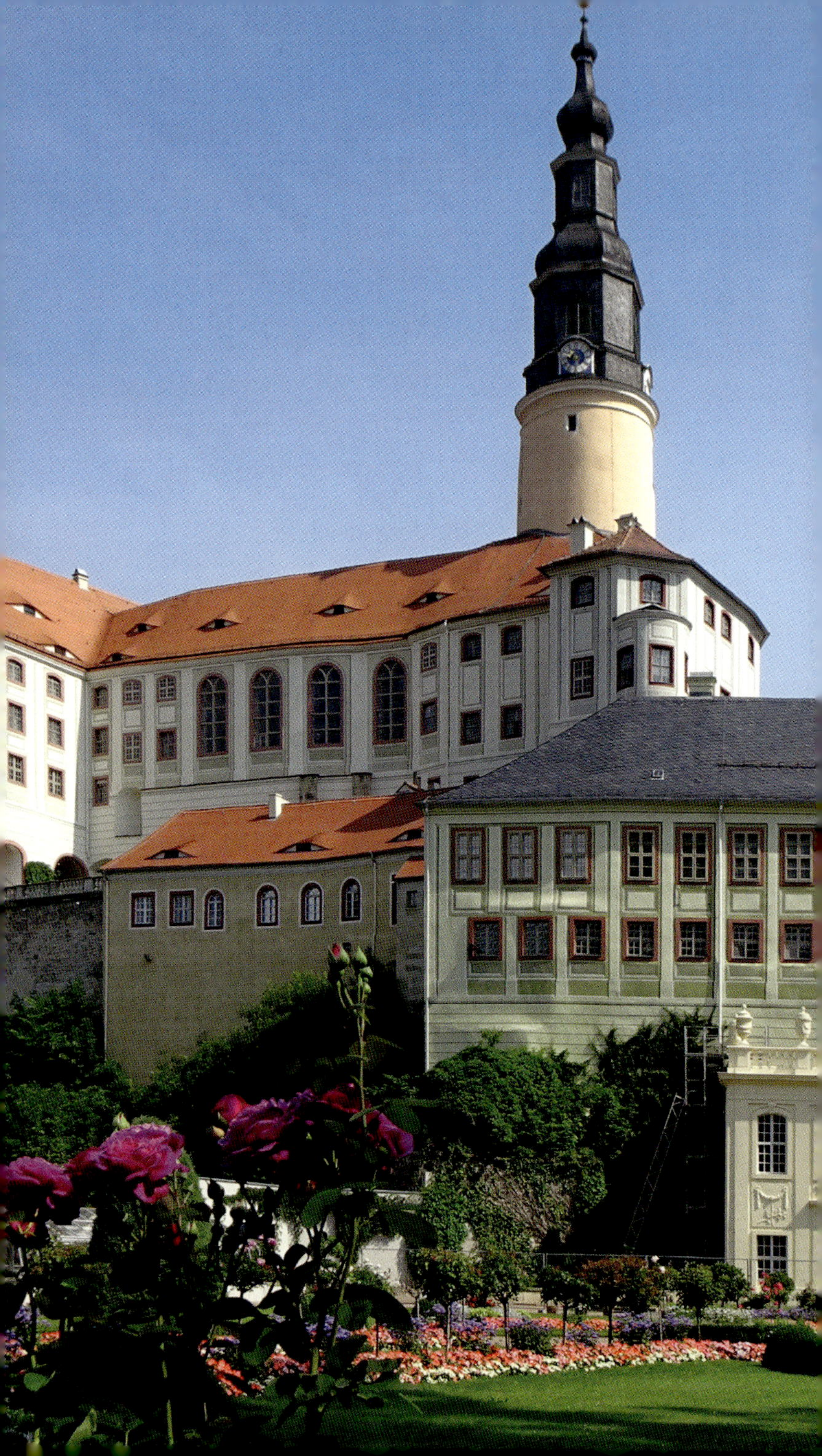

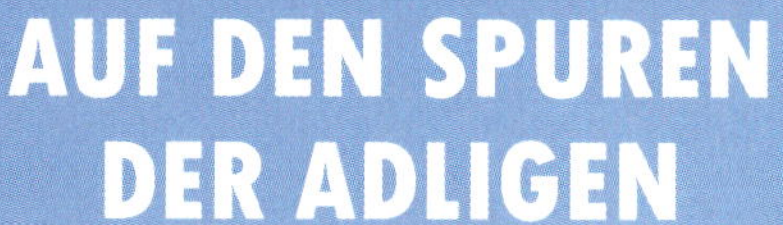

AUF DEN SPUREN DER ADLIGEN

Von Oberschlottwitz zum Schloss Weesenstein

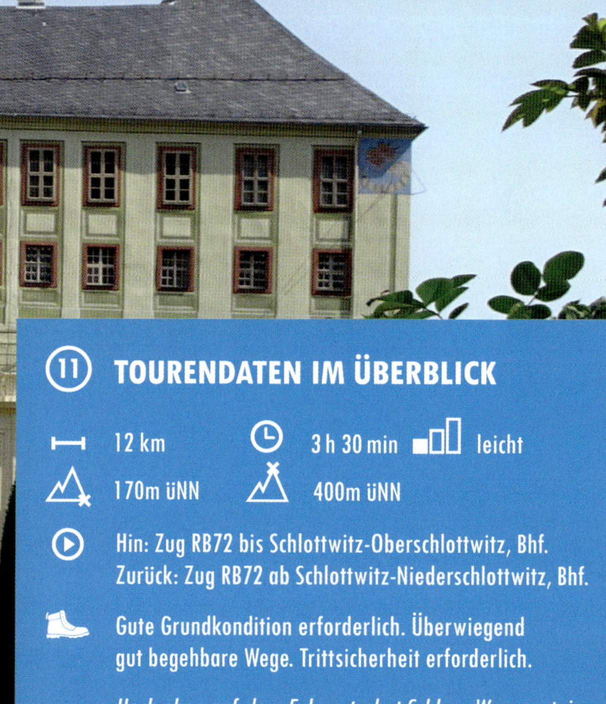

(11) TOURENDATEN IM ÜBERBLICK

12 km | 3 h 30 min | leicht

170m üNN | 400m üNN

Hin: Zug RB72 bis Schlottwitz-Oberschlottwitz, Bhf.
Zurück: Zug RB72 ab Schlottwitz-Niederschlottwitz, Bhf.

Gute Grundkondition erforderlich. Überwiegend gut begehbare Wege. Trittsicherheit erforderlich.

Hoch oben auf dem Felsen trohnt Schloss Weesenstein.

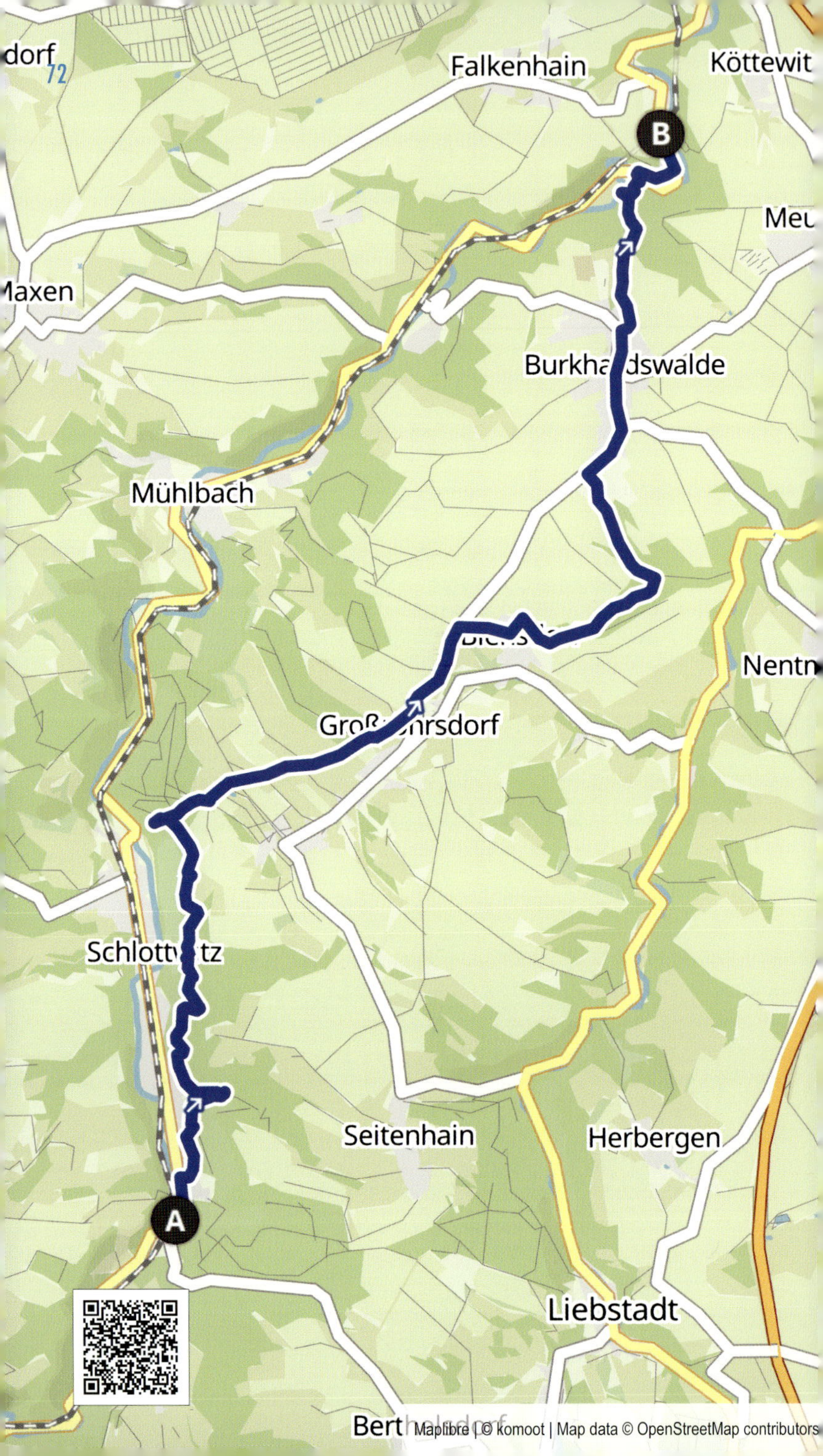

dorf
72
Falkenhain
Köttewit
B
Meu
Maxen
Burkhardswalde
Mühlbach
Nentn
Großröhrsdorf
Schlottwitz
Seitenhain
Herbergen
A
Liebstadt
Bert
Maplibre | © komoot | Map data © OpenStreetMap contributors

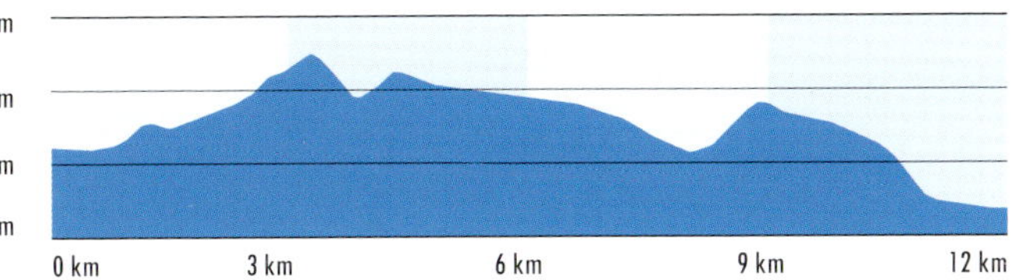

AUF DEN SPUREN DER ADLIGEN

Start der Wanderung ist am Bahnhof Oberschlottwitz. Es geht nach links, der blauen/grünen Markierung folgend und über den Eisenweg nach rechts, leicht bergan auf den Müglitzhang. Nach ein paar Metern kommt schon die erste Raststelle mit einem kleinen Wasserrad. Von hier aus führt die Tour links weiter über den Edelmannsteig bis zum Panoramablick in die Sächsische Schweiz. An diesem historischen Weg finden sich noch allerhand Grenzsteine mit der Aufschrift RW, Rittergut Weesenstein. Der Steig bildete die Grenze zwischen den Schlössern Reinhardtsgrimma, Liebstadt und Weesenstein. Auf einer Infotafel erfahren Wanderer Weiteres dazu.

Nach einer 180-Grad-Drehung geht es direkt zum nächsten Aussichtspunkt. Dieses Mal richtet sich der Panoramablick ins Erzgebirge. Nach einem weiteren kleinen Abstieg ist die Hirschsteigkuppe erreicht. Der Sage nach ist an diesem Aussichtspunkt ein Jäger mit seinem Pferd über den Felsen ins Tal gestürzt. Er stellte auf fremdem Gebiet einem Hirsch nach und war auf der Flucht vor seinen Verfolgern.

Nun geht es wieder leicht bergan, bis nach Großröhrsdorf. Dieser Abschnitt gehört zum Fernwanderweg Görlitz – Greiz. Am Ortsende führt die Strecke ein kleines Stück die

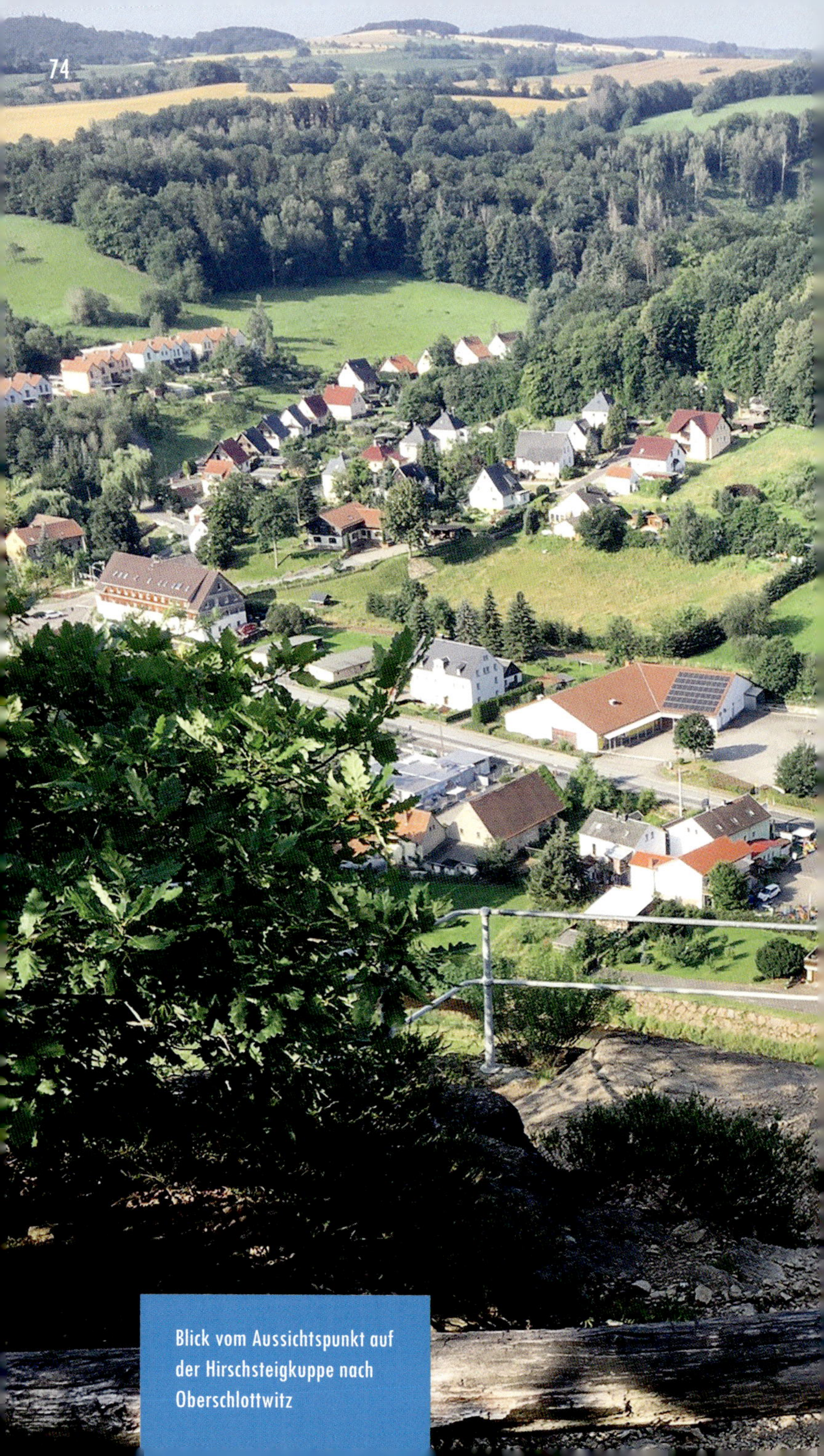

Blick vom Aussichtspunkt auf der Hirschsteigkuppe nach Oberschlottwitz

Straße entlang, aber das wird mit einer tollen Rundumsicht wieder wettgemacht. Es geht bis zum Abzweig nach Biensdorf. In Biensdorf nun der blauen Markierung folgen. Die gesamte Strecke ist gut ausgeschildert. Von Biensdorf aus führt die Tour in den idyllischen Dürrleitengrund, bis die grüne Markierung den Weg links bergan weist. Kurz vor Ende des Weges erwartet den Wanderer eine Raststelle, die sich sehr gut für ein kleines Picknick eignet.

Gestärkt geht es weiter durch Burkhardswalde, bis die Strecke rechts auf die Sonnenscheinstraße abbiegt. Hier steht auf einem alten Wegweiser „romantischer Weg zum Schloss". Das stimmt bis heute. Der Weg führt wieder in den Wald hinein und die letzten Schritte läuft der Wanderer durch den Park zum Schloss Weesenstein. Dieses zeichnet sich durch eine wechselhafte Geschichte aus, diente unter anderem im Zweiten Weltkrieg als Depot für Kunstschätze und danach als Notunterkunft für Heimatlose und Vertriebene.

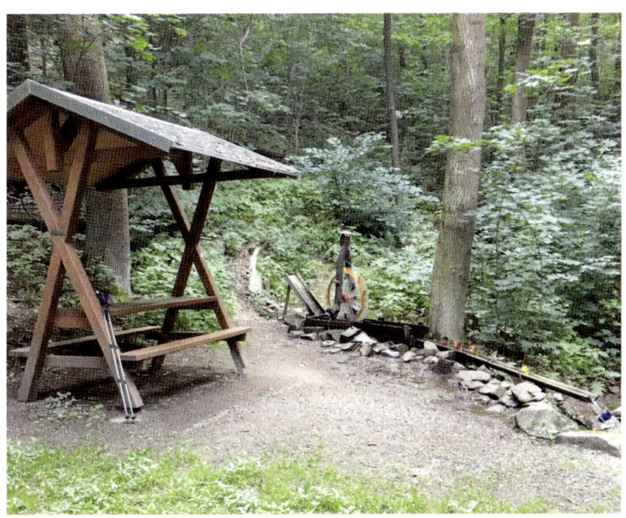

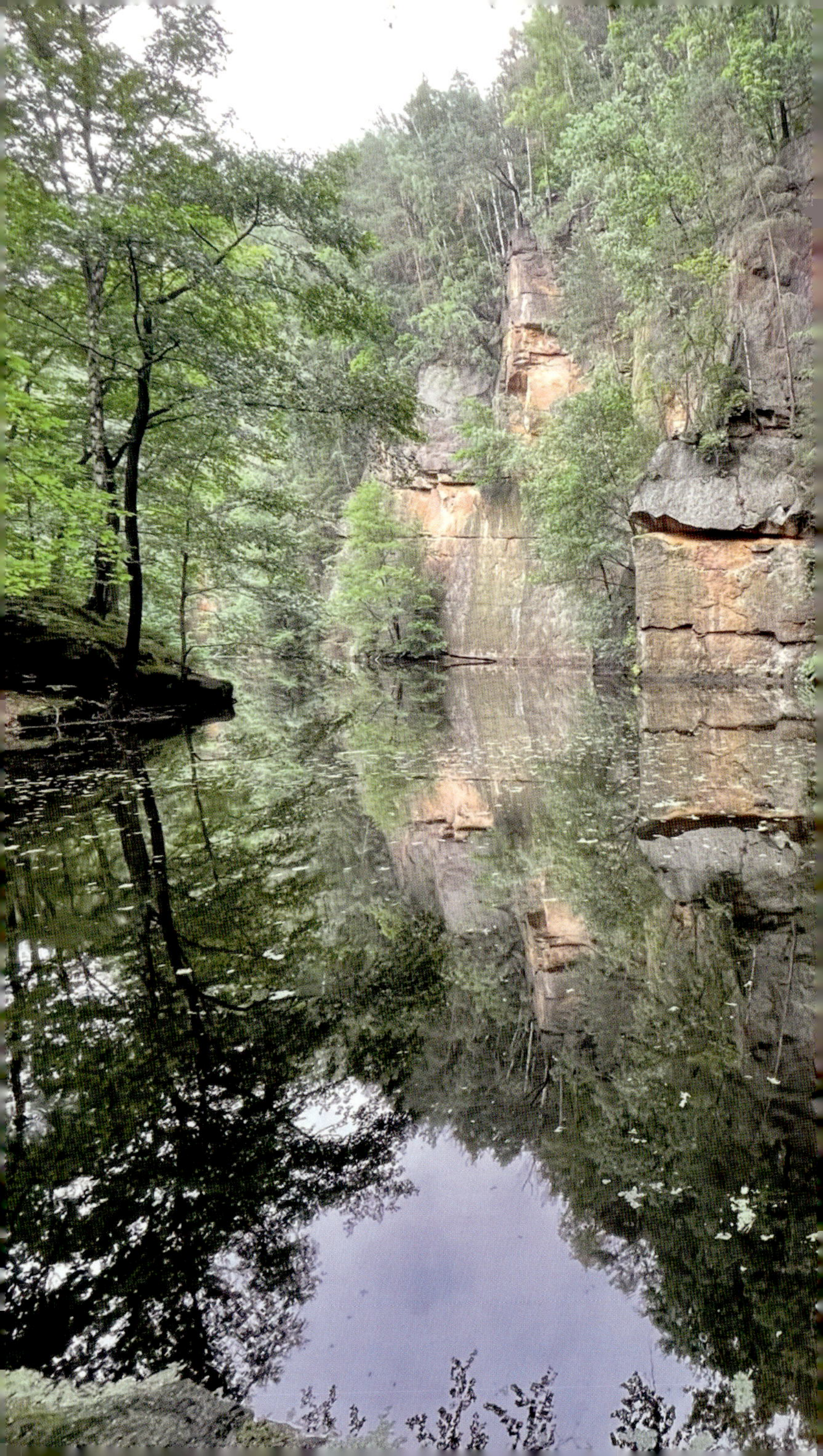

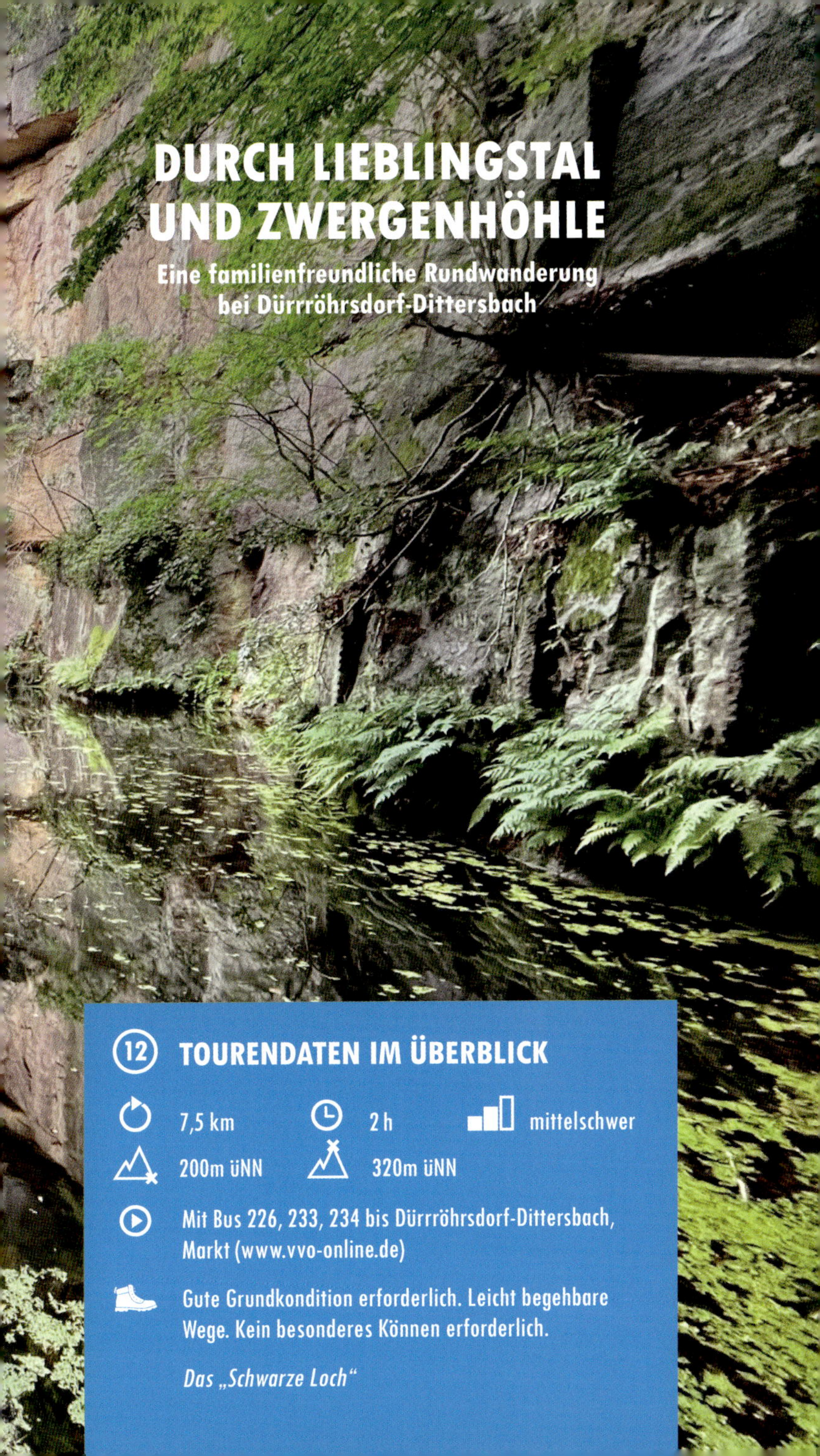

DURCH LIEBLINGSTAL UND ZWERGENHÖHLE

Eine familienfreundliche Rundwanderung bei Dürrröhrsdorf-Dittersbach

12 TOURENDATEN IM ÜBERBLICK

7,5 km | 2 h | mittelschwer

200m üNN | 320m üNN

Mit Bus 226, 233, 234 bis Dürrröhrsdorf-Dittersbach, Markt (www.vvo-online.de)

Gute Grundkondition erforderlich. Leicht begehbare Wege. Kein besonderes Können erforderlich.

Das „Schwarze Loch“

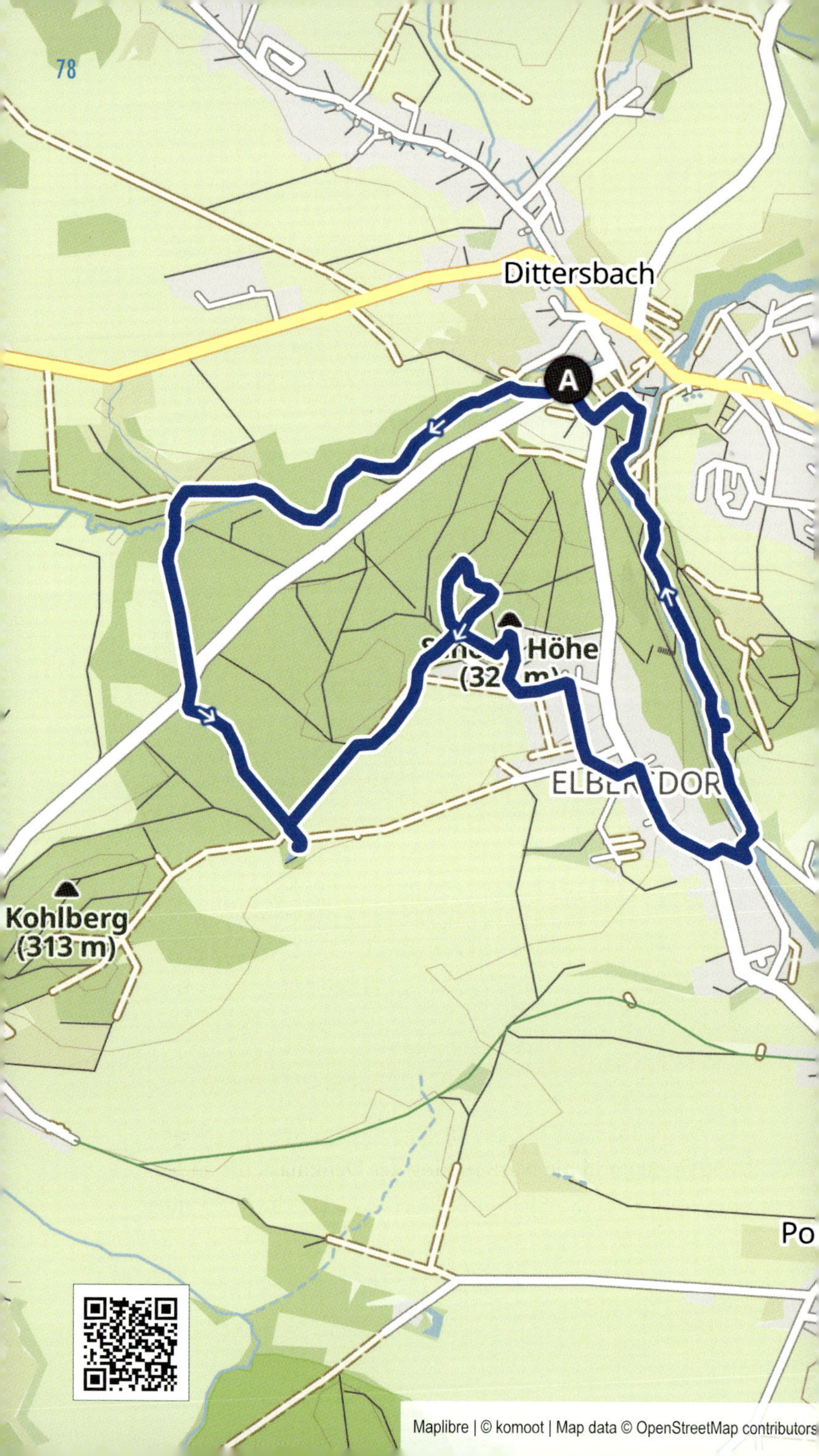
Dittersbach
A
Höhe
ELBE
DOR
Kohlberg
(313 m)
Po
Maplibre | © komoot | Map data © OpenStreetMap contributors

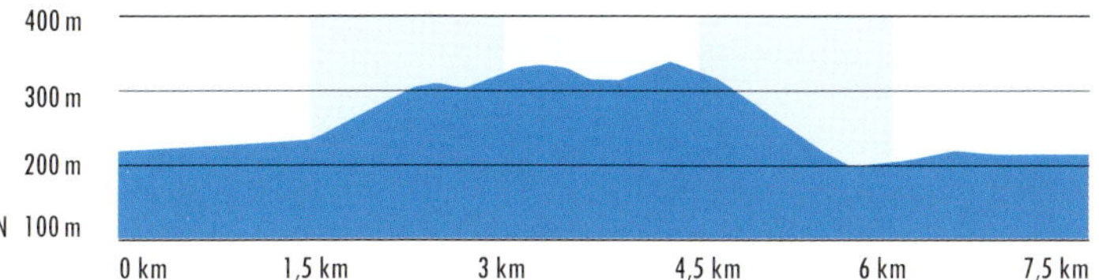

DURCH LIEBLINGSTAL UND ZWERGENHÖHLE

Johann Gottlob von Quandt (1787-1859) ist sicher nur wenigen ein Begriff. Dabei förderte der Kunstkenner und -Mäzen mehrere Maler der deutschen Romantik, versammelte berühmte Künstler seiner Zeit auf seinem Gut in Dittersbach und war sogar mit Goethe befreundet. Und er sorgte dafür, dass im Umfeld des Guts eine Kulturlandschaft entstand, die in ihrem Zauber dem Seifersdorfer Tal in nichts nachsteht. Nur ist das Lieblingstal des Herrn von Quandt um vieles unbekannter und ruhiger.

Die Rundwanderung beginnt am Markt von Dittersbach – die Straße „Zum Lieblingstal“ und ein großer beschrifteter Stein weisen den Weg. Nur wenige Meter weiter leuchtet hell die 2006 wieder aufgebaute Hubertuskapelle. 1840 durch von Quandt errichtet, diente sie ursprünglich vermutlich als Ruheplatz mit Aussicht auf sein nahes Anwesen, verfiel dann aber fast vollständig. Die Rekonstruktion der Kapelle ist den rührigen Ehrenamtlern des Quandt-Vereins Dittersbach ebenso zu verdanken wie die Instandsetzung von Wegen und Stegen und die Nachbildung der Denkmale, die an König Anton von Sachsen und die erste sächsische Verfassung von 1831 erinnern. Wer auf dem schmalen Pfad am Schullwitzbach entlangwandert, bekommt zum Naturerlebnis also noch eine Lehrstunde in sächsischer Geschichte dazu.

Abwechslung für die Kleinen bieten Rastplätze, Brücklein und Gelegenheit, am Ufer des Baches zu spielen.

ÜBER DIE TEUFELSBRÜCKE

Nach einer Weile verlässt der Weg den Wald und verläuft zwischen flachen Ufer- und steilen Hangwiesen. An der Verzweigung hält man sich links und überquert die rund 500 Jahre alte, ebenfalls 2006 sanierte Teufelsbrücke. Dem Wegzeichen „Gelber Punkt" folgend, geht es sanft ansteigend durch den Wald zur Straße nach Wünschendorf und auf deren Gegenseite nahezu geradeaus weiter bergan. Eine

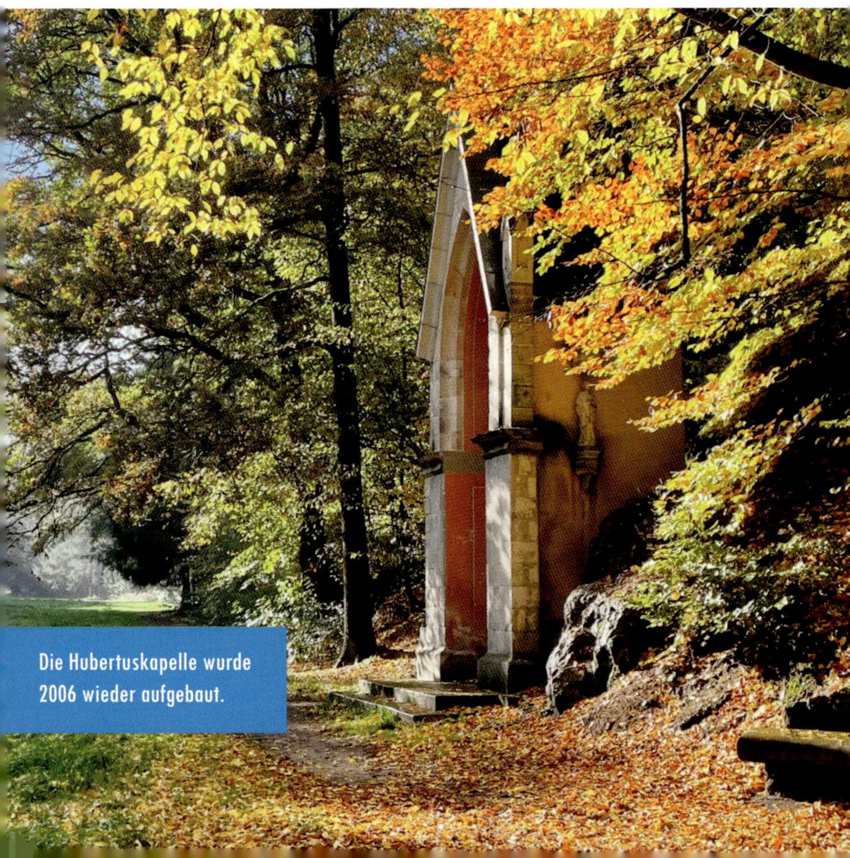

Die Hubertuskapelle wurde 2006 wieder aufgebaut.

Markierung findet sich hier nicht, doch die Schilder an der nächsten Kreuzung weisen den Weg zur „Schönen Höhe“.

Rechter Hand bietet sich bald ein wunderbarer Panoramablick bis hin zu den Tafelbergen des Elbsandsteingebirges. Kurz vor der Schönen Höhe zweigt links ein Weg zur Zwergenhöhle ab. Dieser mit Stufen versehene Felstunnel lädt vor allem Kinder dazu ein, zu kraxeln und der Fantasie freien Lauf zu lassen. Die Sage erzählt davon, wie Herr von Quandt eines Tages beim Aufstieg zur Schönen Höhe ein Männlein traf, das ihm eine Höhle zeigte, in der Gold und Edelsteine funkelten. Bevor von Quandt zugreifen konnte, schloss sich der Felsen wieder – nur der künstlich angelegte Tunnel erinnert an die unglaubliche Begebenheit.

Die Schöne Höhe wird bekrönt von einem „Turmschlösschen“, das 1831 von Johann Gottlob von Quandt in Auftrag gegeben und 1838 als früheste Goethe-Verehrungsstätte vollendet wurde. Der roten Markierung folgend, geht es durch Elbersdorf hindurch, bis man links ins schattige, idyllische Tal der Wesenitz absteigen kann. Die Route überquert eine Brücke und verläuft am Ufer flussaufwärts. Unterwegs gähnt ein „schwarzes Loch“, ein mit Wasser gefüllter ehemaliger Steinbruch, der ein wunderbares Fotomotiv abgibt. Ein weiteres optisches Highlight ist die sogenannte Teufelskanzel.

Den Schlusspunkt der Tour setzt das Schloss Dittersbach, erbaut im 16. Jahrhundert auf den Resten einer ehemaligen Wasserburg und 1829 erworben von Johann Gottlob von Quandt. Es befindet sich auch heute in Privatbesitz und kann innen nicht besichtigt werden – der dazugehörige Park ist jedoch öffentlich zugänglich.

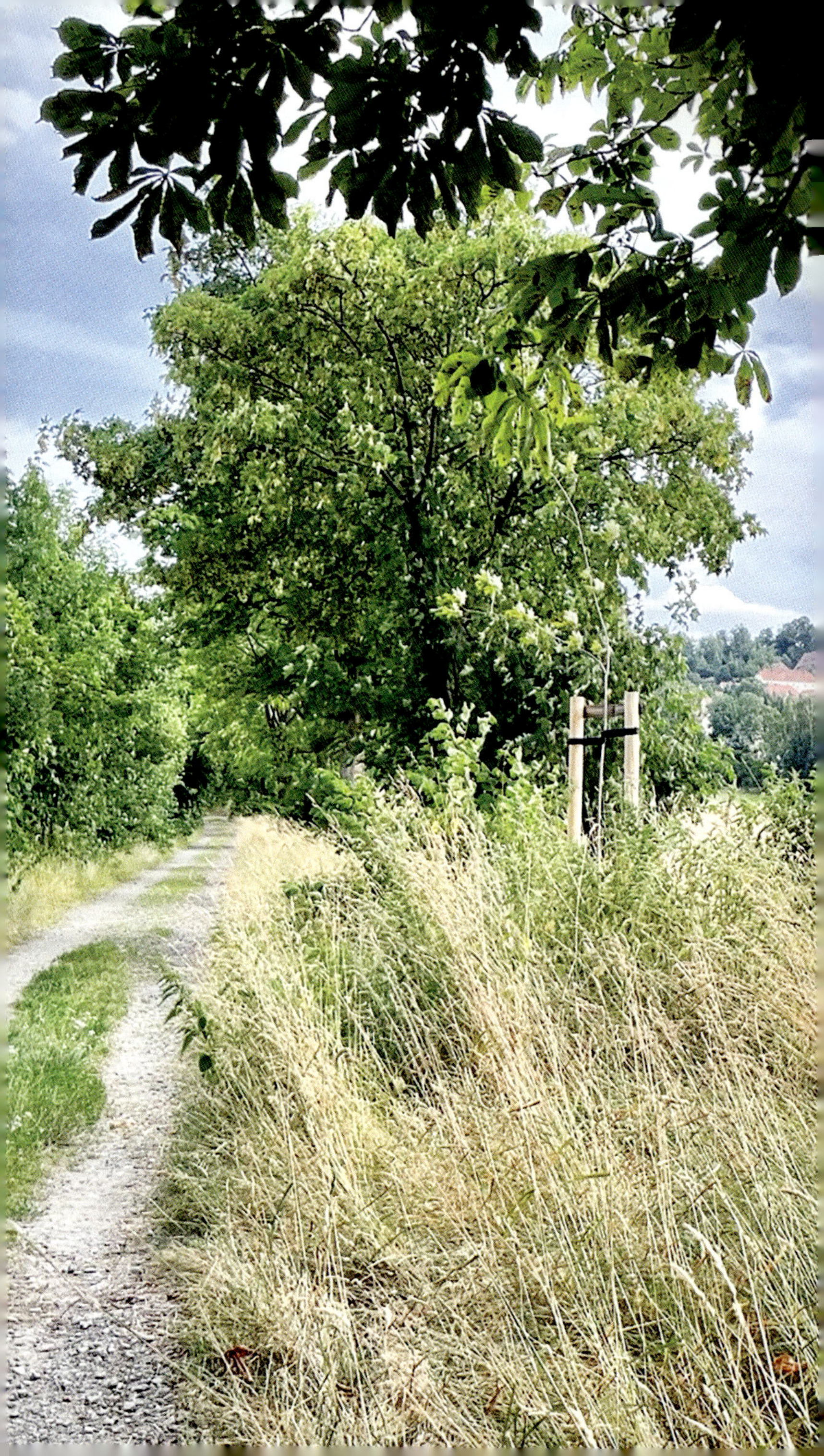

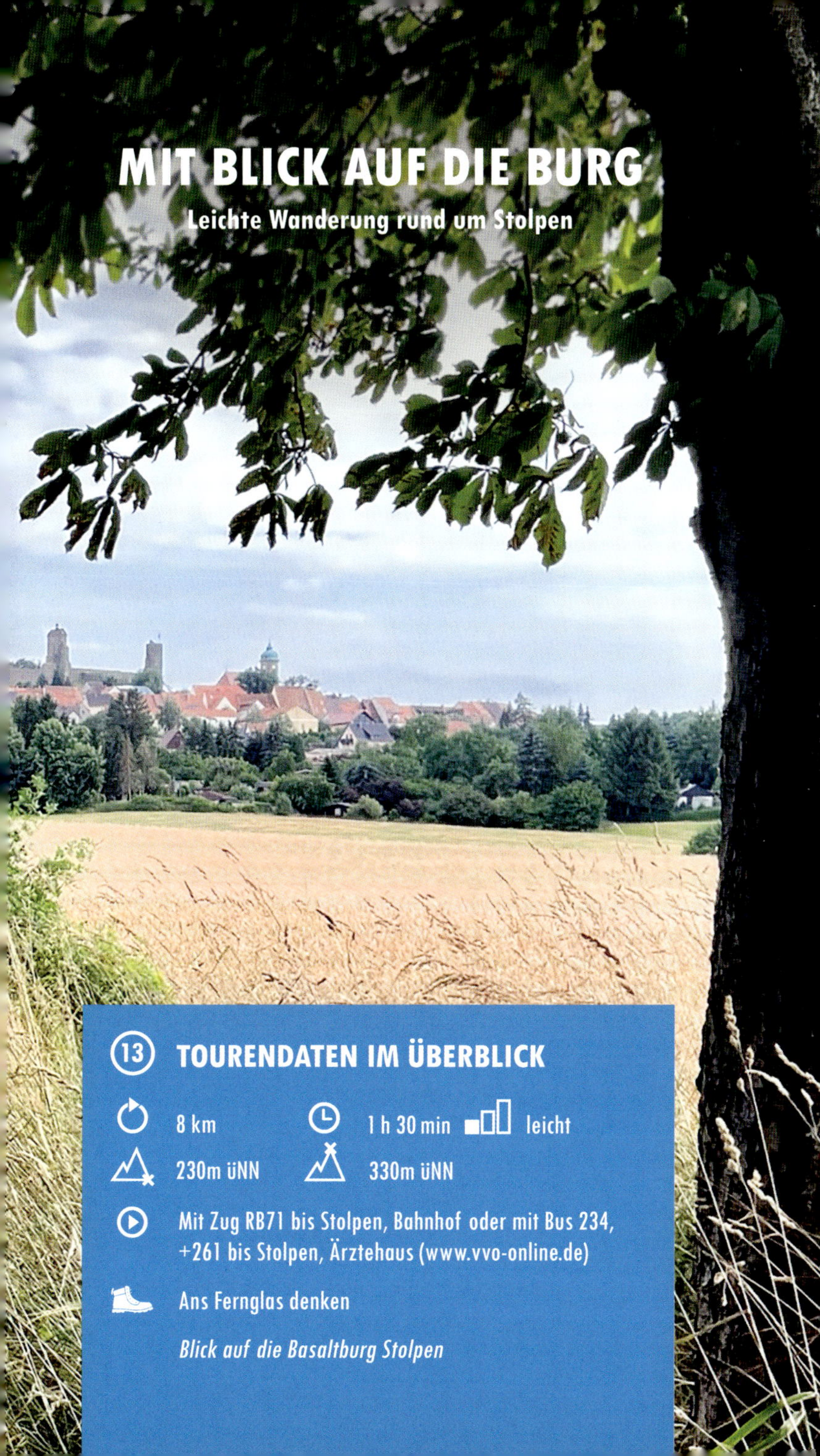

MIT BLICK AUF DIE BURG

Leichte Wanderung rund um Stolpen

(13) TOURENDATEN IM ÜBERBLICK

8 km

1 h 30 min

leicht

230m üNN

330m üNN

Mit Zug RB71 bis Stolpen, Bahnhof oder mit Bus 234, +261 bis Stolpen, Ärztehaus (www.vvo-online.de)

Ans Fernglas denken

Blick auf die Basaltburg Stolpen

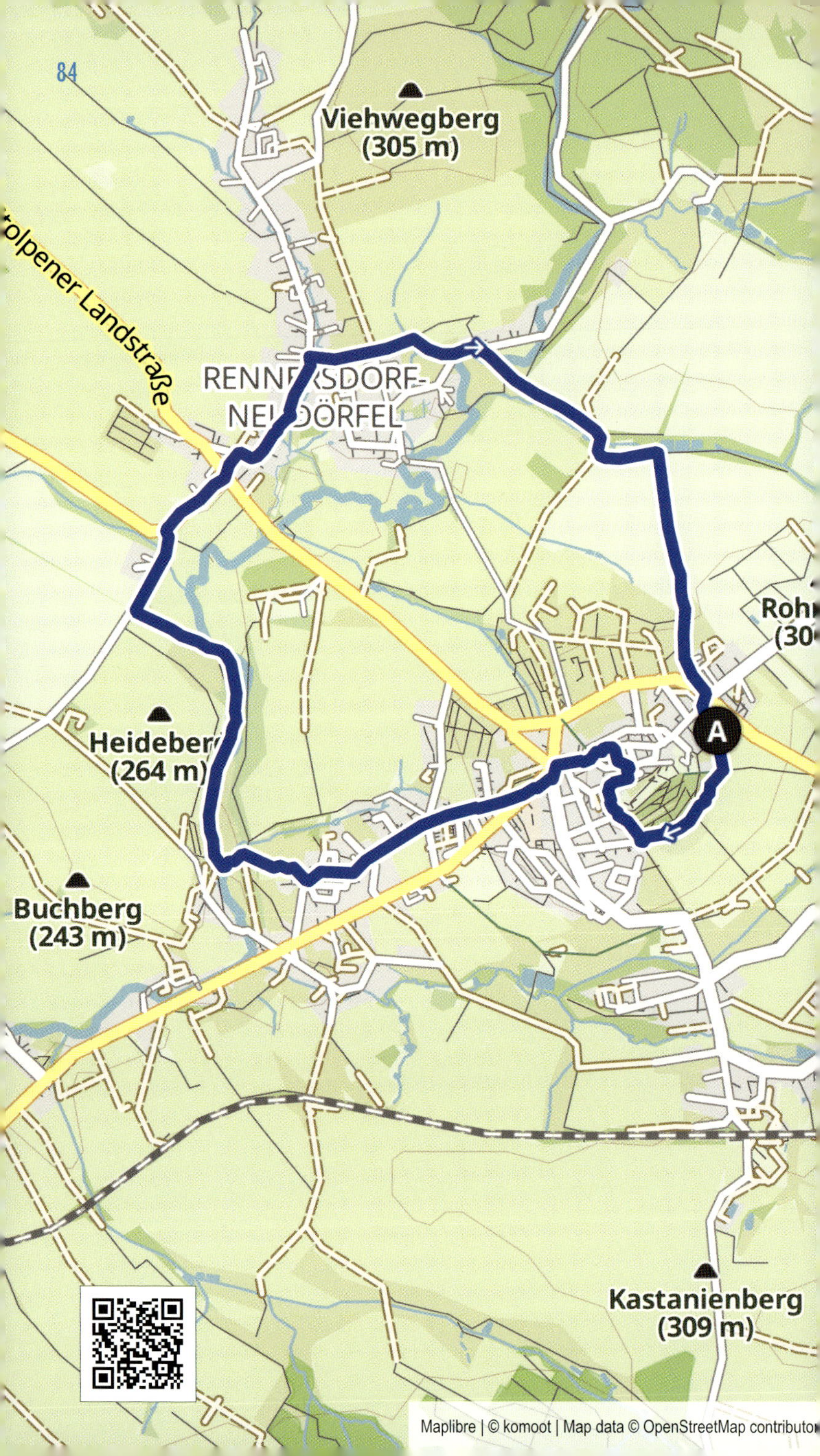

Viehwegberg
(305 m)
olpener Landstraße
RENN RSDORF-
NE DÖRFEL
Heideber
(264 m)
Buchberg
(243 m)
Rohr
A
Kastanienberg
(309 m)
Maplibre | © komoot | Map data © OpenStreetMap contributo

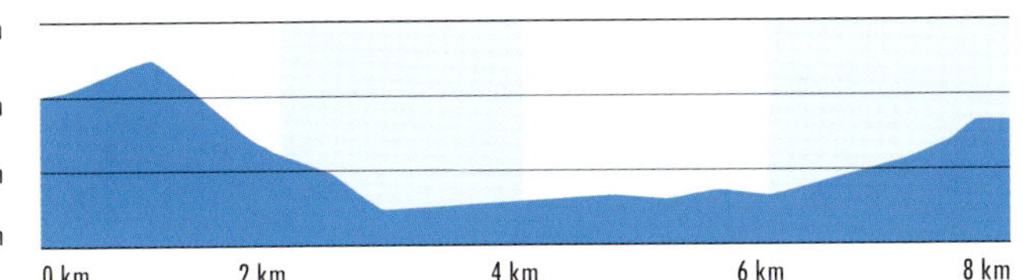

MIT BLICK AUF DIE BURG

Die Tour startet am Hauptparkplatz Stolpen am Birkenweg. Es bestehen aber auch gute Busverbindungen, zum Beispiel zur Haltestelle Ärztehaus Stolpen.

Vom Parkplatz aus führt die Strecke nach links auf die Straße Schafbergblick, ein wunderschöner Panoramaweg. An der Raststelle Birkenweg Ecke Schloßweg geht es rechts ab und an den Basaltfelsen vorbei, auf denen die Ruine der Burg Stolpen thront.

Rechter Hand befindet sich die Stadtkirche Stolpen. Sehenswert ist hier der evangelische Beichtstuhl, der aus dem Jahr 1723, nach dem großen Stadtbrand, stammt. Der Beichtstuhl verweist auf diese gemeinhin unbekannte Form der Beichte, bei der Pfarrer und Beichtender im so genannten Kirchvaterstuhl direkt nebeneinander saßen.

An der Kirche vorbei, links in die Kirchgasse, führt der Weg auf den schönen Marktplatz. Hier steht eine Kopie der Kursächsischen Postmeilensäule, die August der Starke 1732 in Auftrag gab. Die Tour führt links weiter in die Dresdner Straße. An der Kreuzung zur Pirnaer Landstraße geht es links, dabei fällt der Blick auf die Friedhofskapelle. Nach etwa 300 Metern an der Pirnaer Landstraße entlang, biegt die

Gräfin Cosel war fast ein halbes Jahrhundert hinter diesen Mauern gefangen.

Route rechts in den Altstädter Weg ein. Zwischen schönen alten und neuen Häusern gelangt der Wanderer über den Oberen Weg in den Bischofsweg. Dies ist ein Hohlweg, der durch den regen Wagenverkehr in den Jahren 1218 bis 1559 entstand.

Nun führt die Tour durch das Wesenitztal. Es geht über eine kleine Brücke über die Wesenitz hinweg, dann folgt der Weg ihrem Verlauf bis zur Helmsdorfer Straße. Nach einem kleinen Stück geht es nach rechts bis Rennersdorf-Neudörfel. Wir folgen der Alten Hauptstraße und biegen rechts ab, wo sich die Straße teilt. Nach wenigen Metern auf der Wesenitzstraße überquert der Wanderer wieder rechts den Fluss und folgt der gelben Markierung. Am kleinen Teich führen rechts zwei Wege nach Stolpen zurück. Unsere Route führt über den Buschmühlenweg. Während des leichten Anstiegs bietet sich hier ein toller Blick auf die Burg. Ans Fernglas denken!

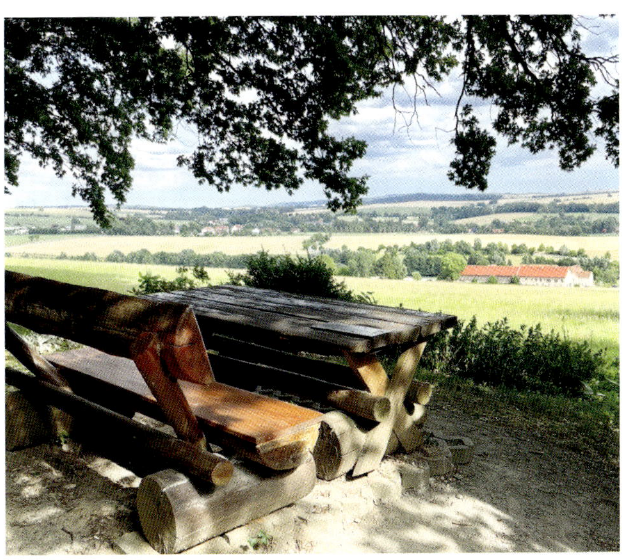

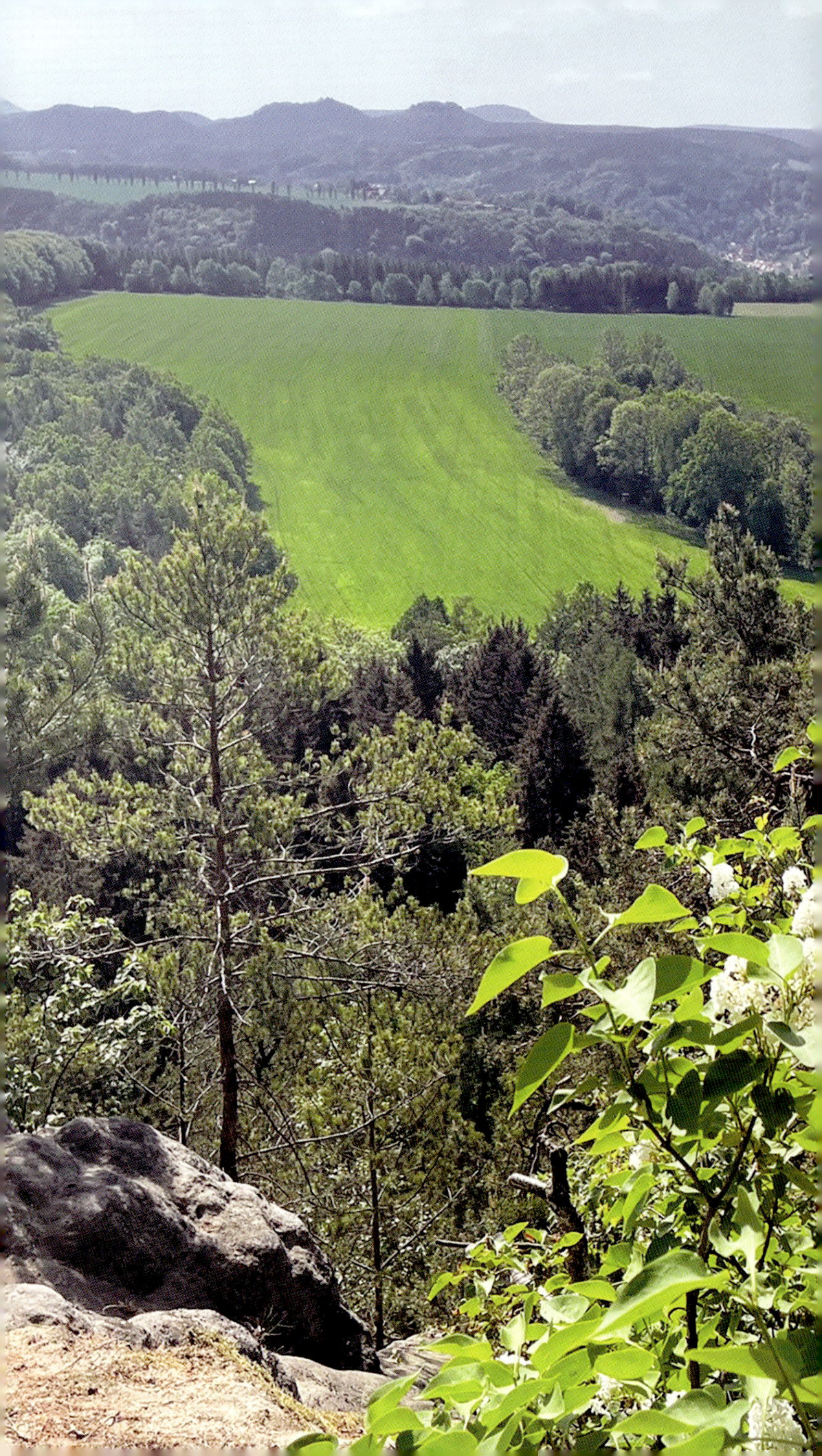

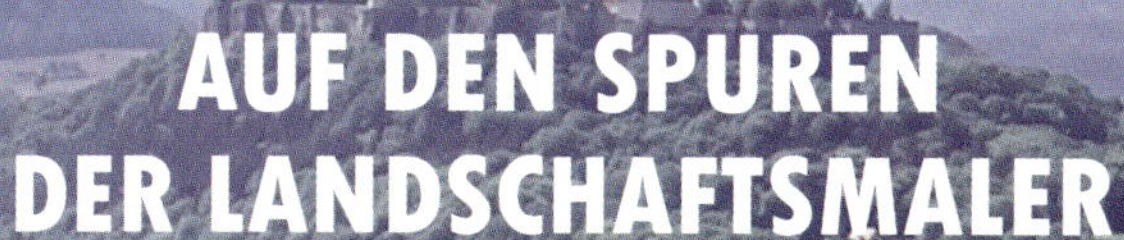

AUF DEN SPUREN DER LANDSCHAFTSMALER

Aussichtsreiche Wanderung rund um Schloss Thürmsdorf und die Bärensteine

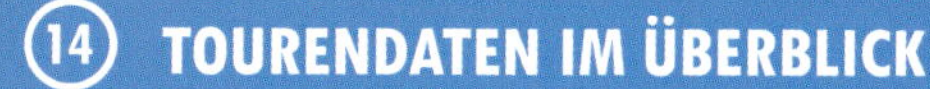

(14) TOURENDATEN IM ÜBERBLICK

 9 km  2 h 15 min 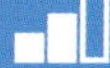 mittelschwer

 180m üNN  310m üNN

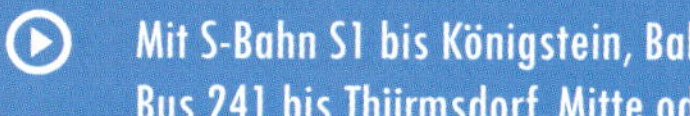

Mit S-Bahn S1 bis Königstein, Bahnhof weiter mit Bus 241 bis Thürmsdorf, Mitte oder Abzw. Weißig

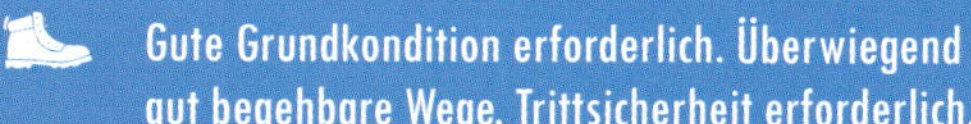

Gute Grundkondition erforderlich. Überwiegend gut begehbare Wege. Trittsicherheit erforderlich.

Herrlicher Blick vom Kleinen Bärenstein

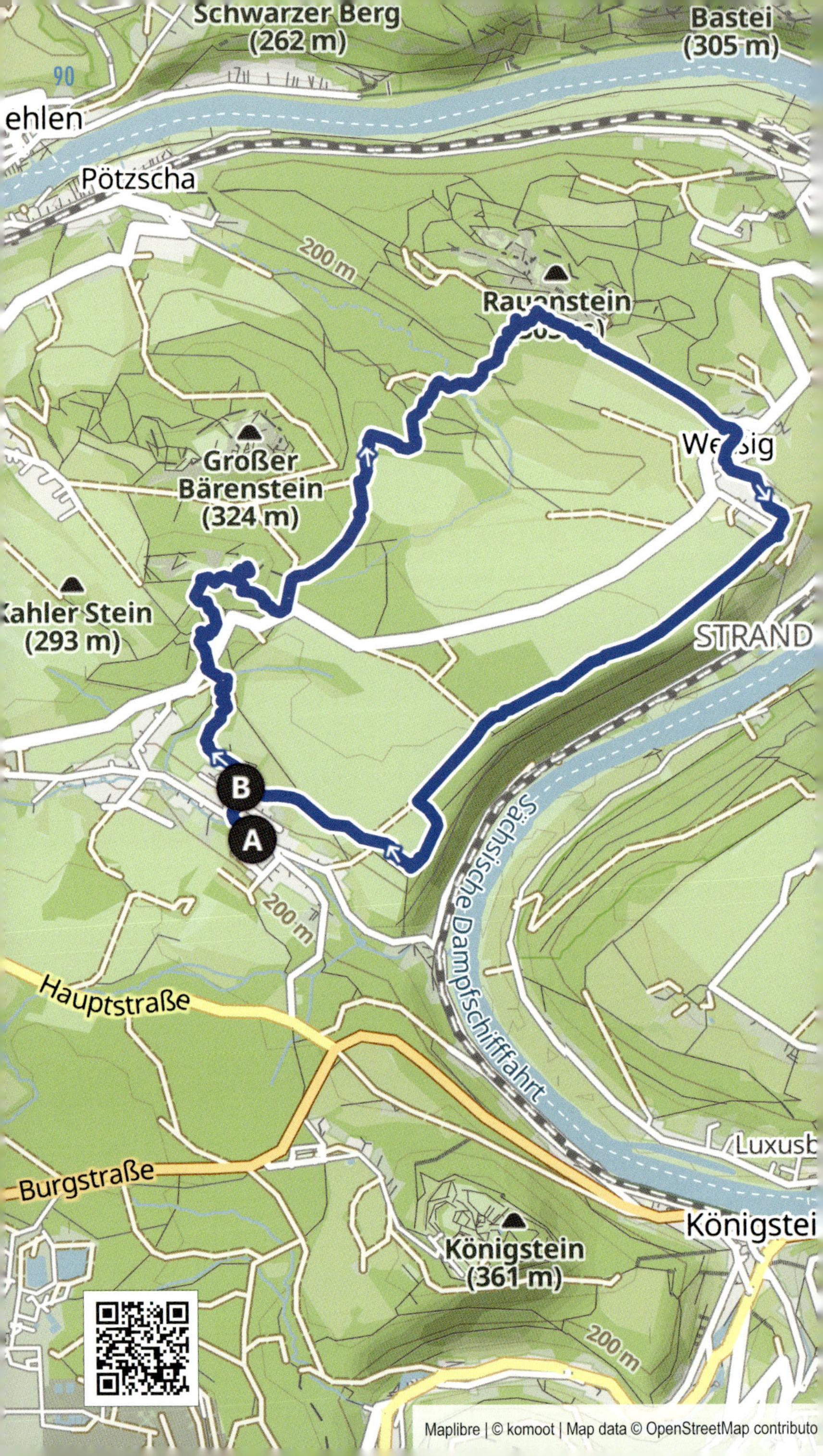
Schwarzer Berg
(262 m)
Bastei
(305 m)
90
ehlen
Pötzscha
200 m
Rauenstein
Großer
Bärenstein
(324 m)
Kahler Stein
(293 m)
STRAND
B
A
200 m
Sächsische Dampfschifffahrt
Hauptstraße
Burgstraße
Luxusb
Königstei
Königstein
(361 m)
200 m
Maplibre | © komoot | Map data © OpenStreetMap contributo

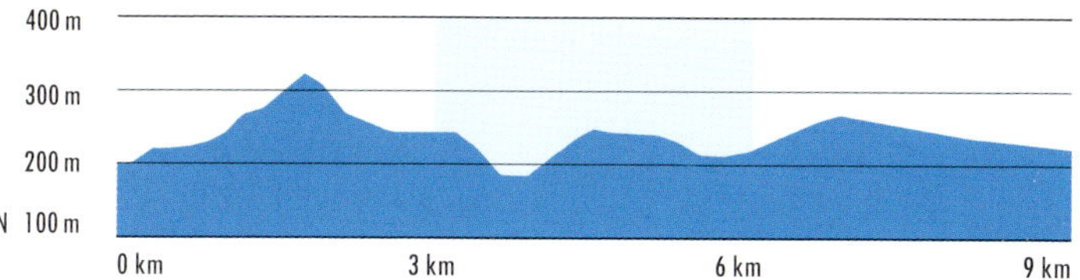

AUF DEN SPUREN DER LANDSCHAFTSMALER

Unsere Tour startet auf dem Parkplatz an der Thürmsdorfer Straße. Über die Straße „Am Schlossberg" geht es leicht bergan zum Schloss. Das Gebäude kann nicht besichtigt werden, aber der gepflegte Park lädt zu einem Bummel ein. Auf einer 3,5 Hektar großen Fläche finden sich hier neben altem Baumbestand auch ein Rosengarten sowie mehrere Terrassen und Sitzmöglichkeiten. Angelegt wurde der Park wohl zwischen 1908 und 1912 von Gartenbaudirektor Max Bertram.

Es geht weiter durch waldige Abschnitte, vorbei am alten Schlossteich. Hier leben einige Amphibien wie Molche, Kröten und Frösche. Der Teich spielt vor allem als Laichgewässer dieser Tiere eine wichtige Rolle.

Die nächste Station ist der erste Ausläufer des Kleinen Bärensteins, wo sich die Götzinger-Höhle befindet. Sie wurde nach dem Heimatforscher Wilhelm Leberecht Götzinger benannt, der 1758 in Struppen zur Welt kam.

Die Tour folgt nun über allerhand Stiegen und Stufen weiter in Richtung Kleiner Bärenstein. Ein langer Aufstieg, aber nicht schwierig. Es geht durch die Thürmsdorfer Wände hindurch auf den Gipfel, von dem aus sich ein schöner

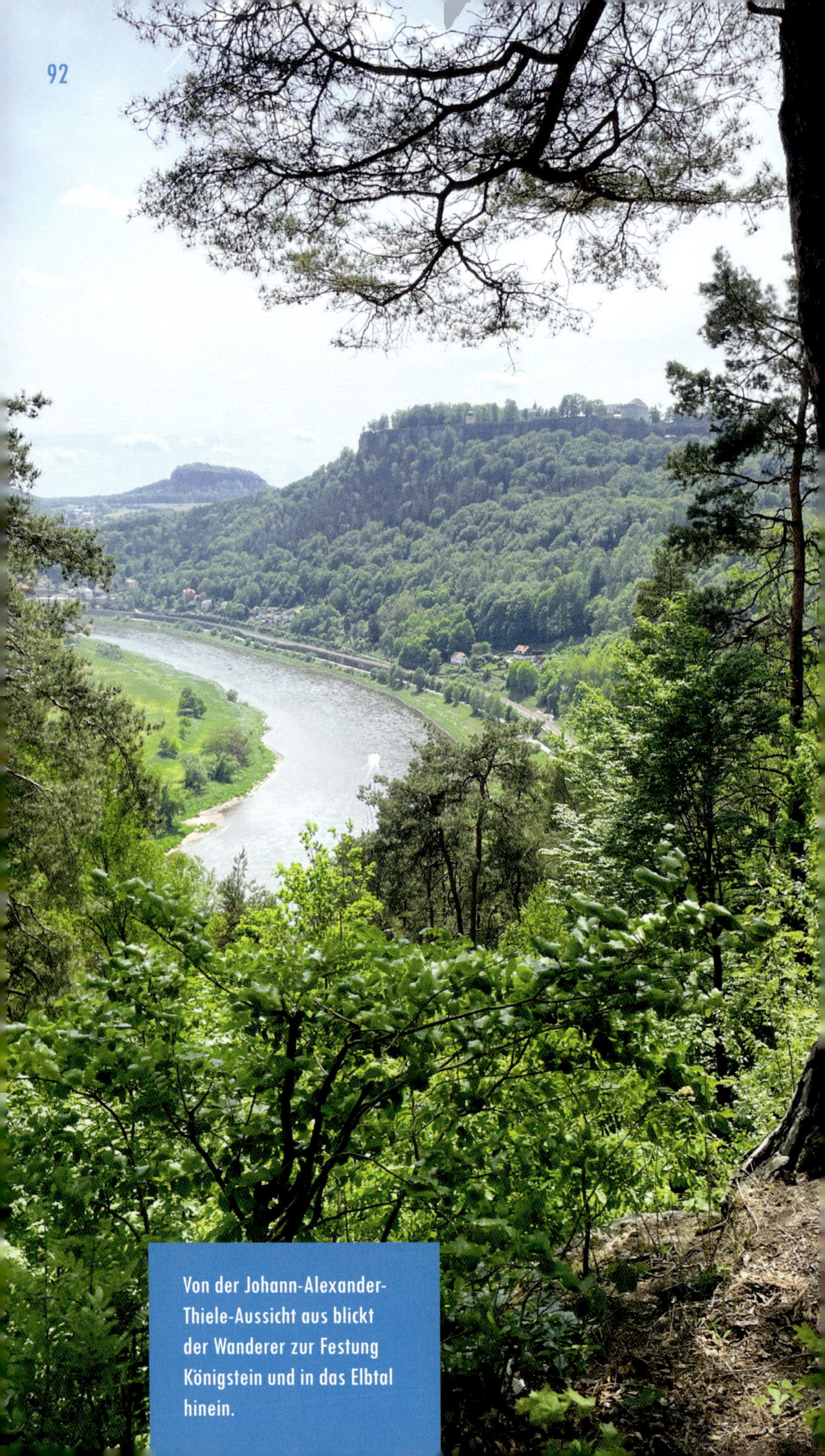

Von der Johann-Alexander-Thiele-Aussicht aus blickt der Wanderer zur Festung Königstein und in das Elbtal hinein.

Ausblick auf die anderen Tafelberge um Lilienstein, Festung Königsstein sowie Pfaffenstein bietet.

AUF DEM MALERWEG UNTERWEGS

Stiegen und Stufen führen nun ein kleines Stück hinunter. Vor den Thürmsdorfer Wänden biegt die Strecke links ab auf den Hermann-Schneider-Weg. Es geht rechts weiter durch den Wald über den Lehmweg auf den Fernwanderweg Lausitzer Schlange. Diesem Weg folgt die Wanderung bis zum Fuß des Rauensteins. Wer mag, kann zusätzlich den Gipfel erklimmen. Unsere Route führt rechts über den Malerweg weiter nach Weißig. Von hier aus geht es nun über den flachen Malerweg weiter, und vorbei an der wohl höchsten Bank der Sächsischen Schweiz. Hier bietet sich ein toller Panoramablick Richtung Rauenstein. Krönender Abschluss der Tour ist gleich im Anschluss die Raststelle am Königsteinblick. Schon Maler Johann Alexander Thiele (1685-1752) war davon fasziniert und brachte diesen Ausblick zur Festung Königstein auf die Leinwand. Direkt daneben befindet sich das Mausoleum der Familie von Biedermann, in deren Besitz Schloss Thürmsdorf von 1908 bis 1935 war. Von hier geht's nun zum Schloss zurück und als Belohnung lockt ein Besuch der Schokoladenmanufaktur.

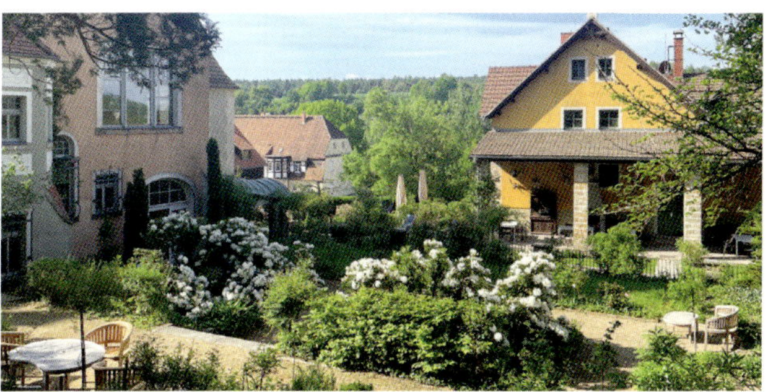

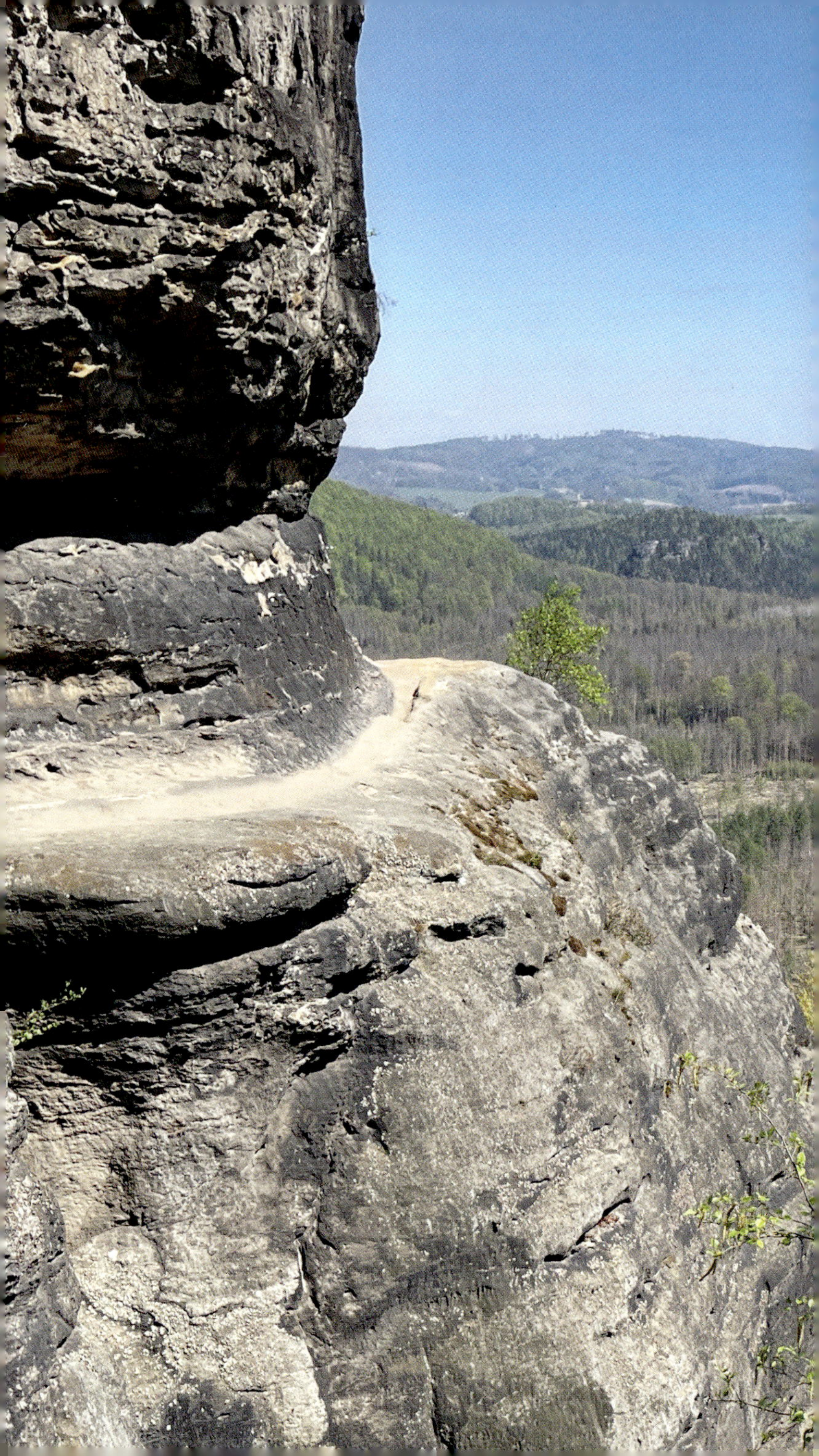

EINMAL AUSSICHT PLUS ABENTEUER, BITTE!

Anspruchsvolle Wanderung rund um die Affensteine in der Sächsischen Schweiz

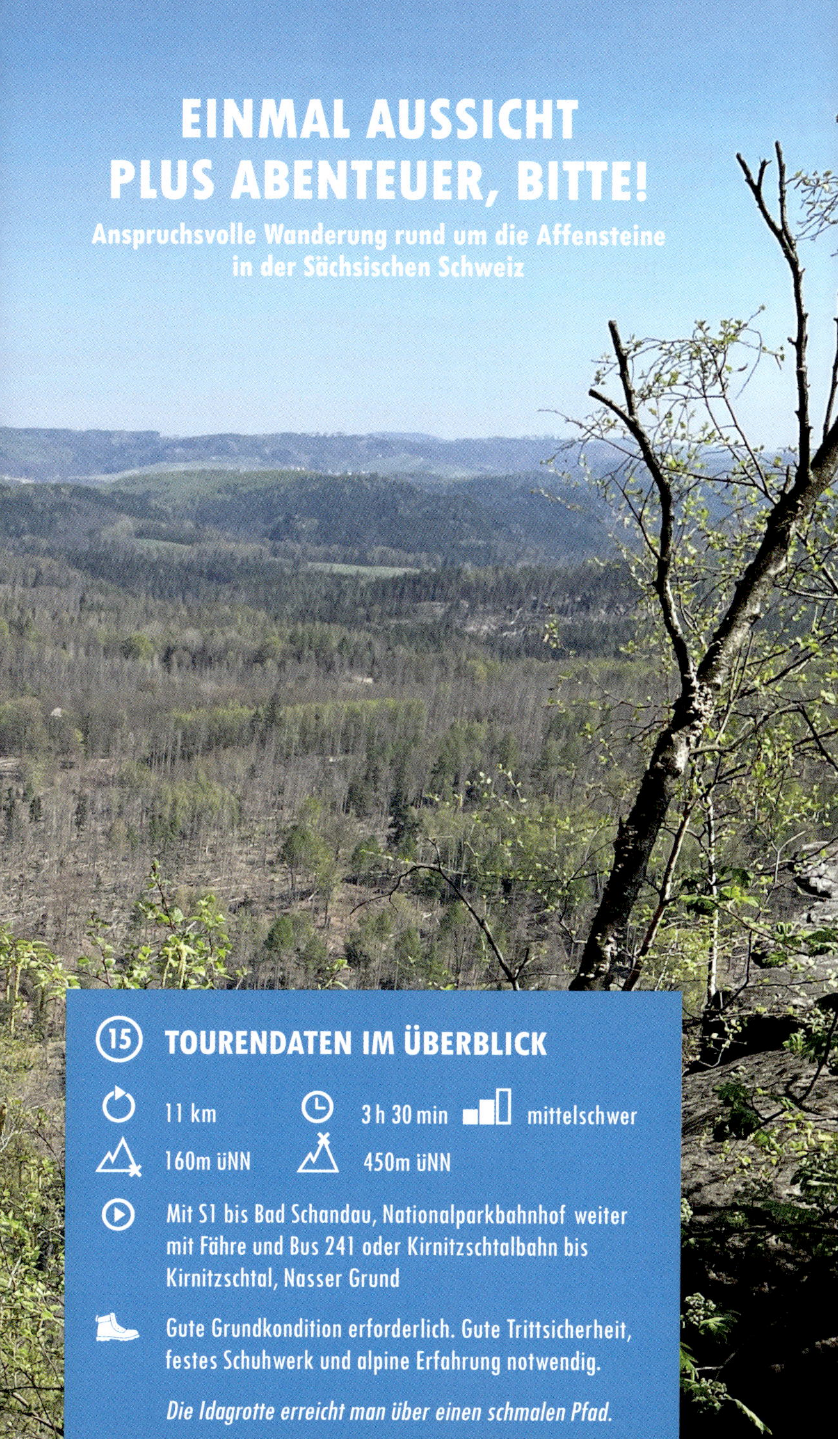

15 TOURENDATEN IM ÜBERBLICK

11 km — 3 h 30 min — mittelschwer

160m üNN — 450m üNN

Mit S1 bis Bad Schandau, Nationalparkbahnhof weiter mit Fähre und Bus 241 oder Kirnitzschtalbahn bis Kirnitzschtal, Nasser Grund

Gute Grundkondition erforderlich. Gute Trittsicherheit, festes Schuhwerk und alpine Erfahrung notwendig.

Die Idagrotte erreicht man über einen schmalen Pfad.

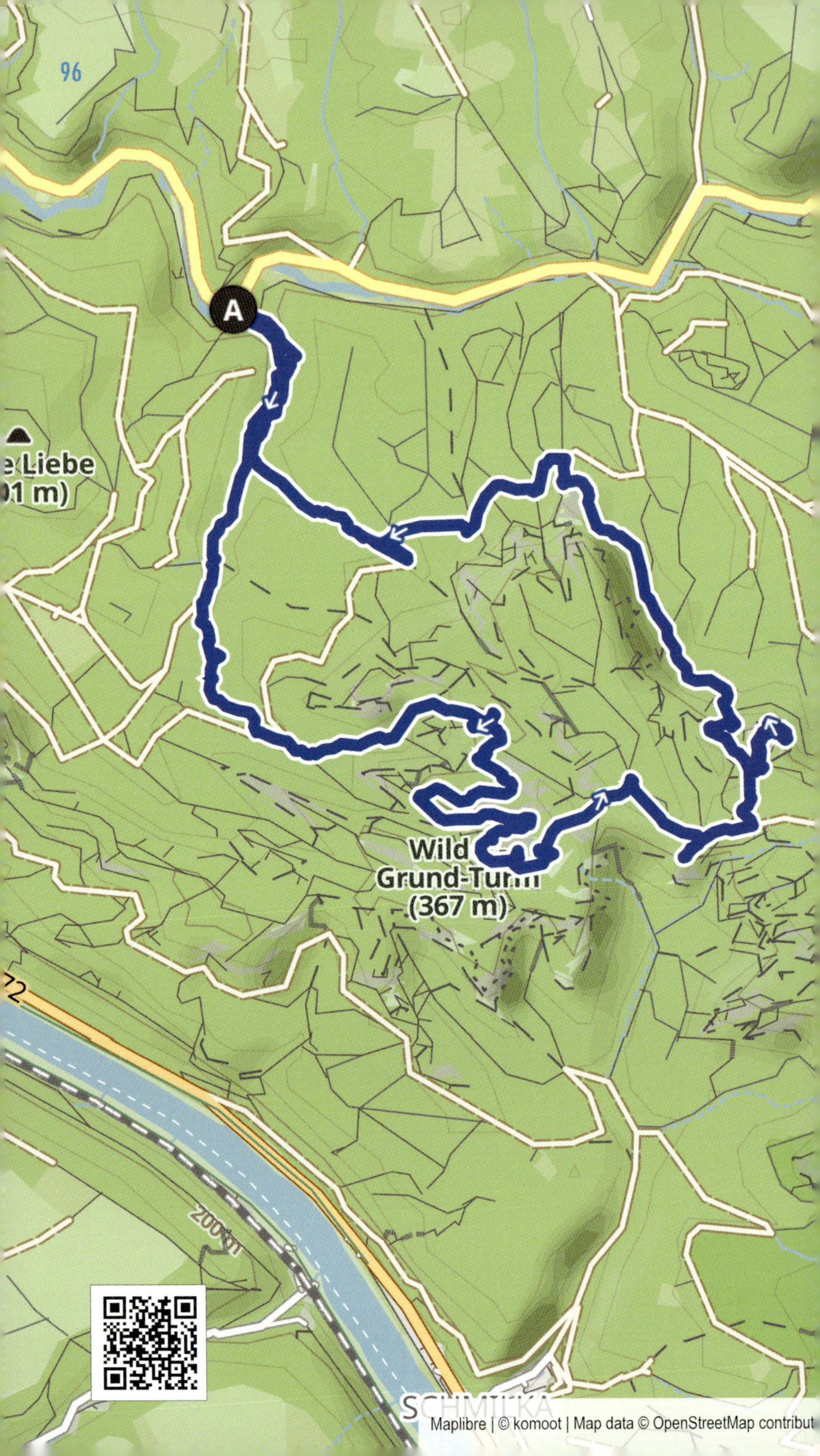
96
A
e Liebe
01 m)
Wild
Grund-Turm
(367 m)
72
200 m
SCHMILKA
Maplibre | © komoot | Map data © OpenStreetMap contribut

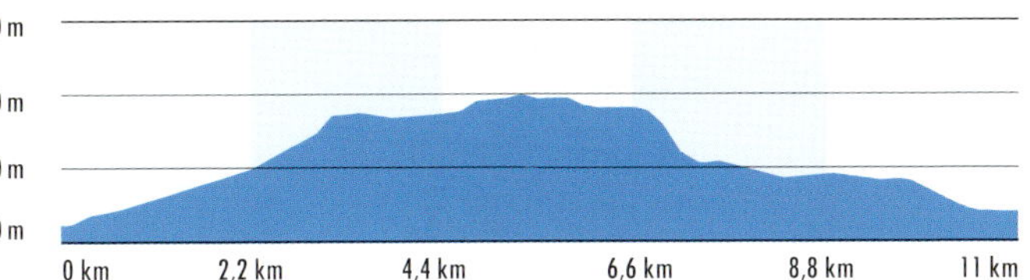

EINMAL AUSSICHT PLUS ABENTEUER, BITTE!

Manch einer bezeichnet sie als den schönsten Ort der Sächsischen Schweiz: die Felsformation Affensteine. Auch wenn sie viel Konkurrenz haben, sind sich sicherlich alle einig, die schon mal dort waren: Die Aussicht ist beeindruckend und führt dem Wanderer wieder mal vor Augen, auf welch herrlichem Fleckchen Erde wir wohnen.

Unsere Tour beginnt am Wanderparkplatz „Nasser Grund" im Kirnitzschtal. Durch den Nassen Grund führt die Strecke über den Jordanweg und weiter über den Sandlochweg zum Großen Dom. Dort dann über die anspruchsvolle Domstiege weiter zum Kleinen Prebischtor, das eines von vielen großen und kleinen Naturwundern auf der Route darstellt. Diese natürlich entstandene Felsbrücke lädt zu einer ersten Rast ein.

Weiter geht es auf der Oberen Affensteinpromenade. Auf dem schmalen, geschwungenen Weg müssen zwar keine Höhenmeter bewältig werden, trotzdem ist auch dieser Teil ein bisschen anspruchsvoll und erfordert durch die vielen Stufen und Leitern Trittfestigkeit und Schwindelfreiheit. Die Mühe wird jedoch durch viele tolle Ausblicke belohnt.

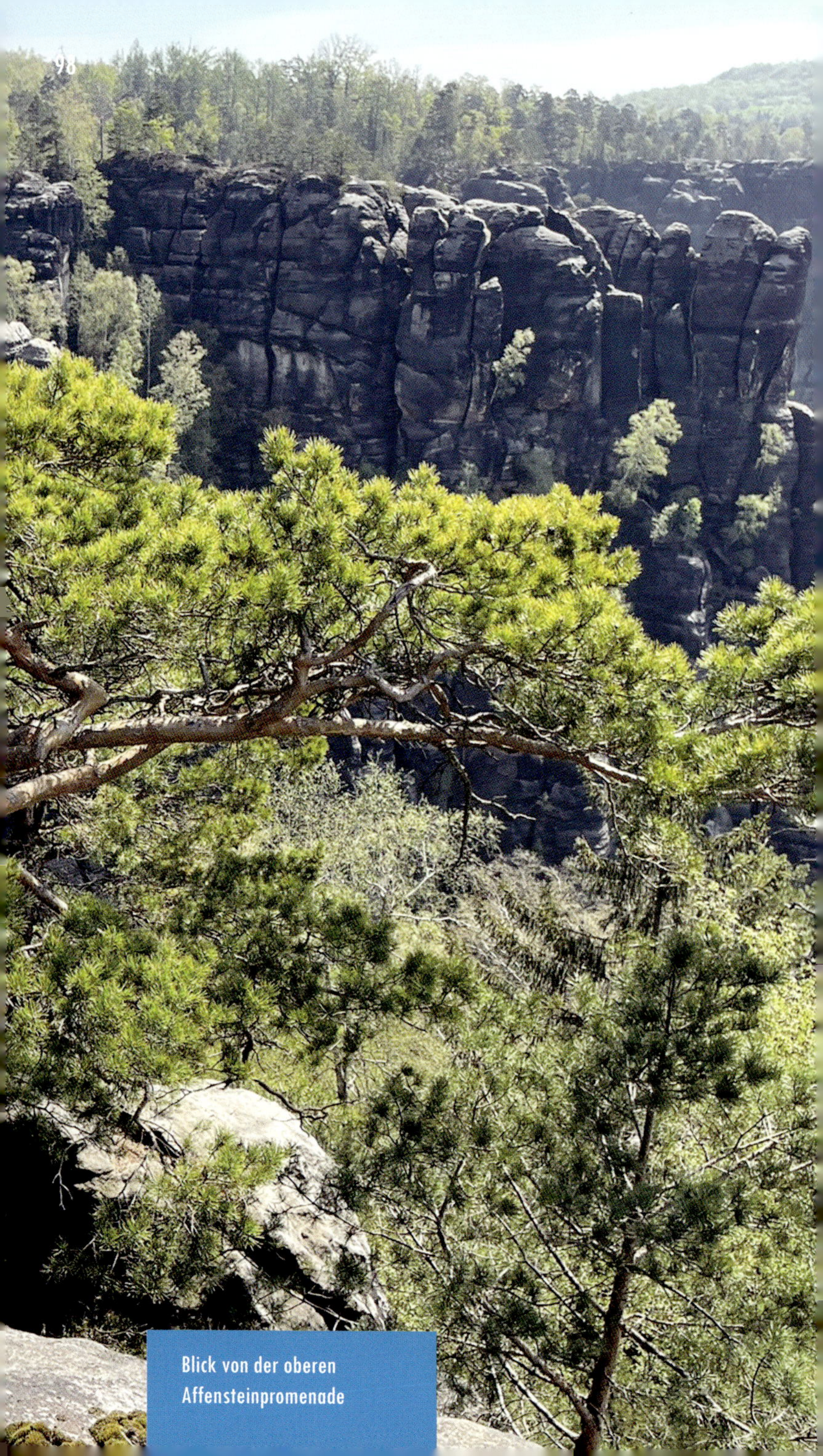

Blick von der oberen Affensteinpromenade

IDAGROTTE AM FRIENSTEIN

Die Wanderung kommt inmitten zerklüfteter Felsen über Zurückesteig und Reitsteig nach einigem Auf und Ab zum Abzweig Frienstein. Dort befindet sich die Idagrotte. Sie ist nur über einen schmalen Pfad an einem Felsvorsprung zu erreichen und stellt eine geologische sowie kulturhistorische Besonderheit dar. Entstanden ist sie über Jahrmillionen durch Verwitterung und Abtragung. Im Mittelalter stand auf dem Frienstein eine Burgwarte. Die Adelsfamilie Berken von der Duba, der die Herrschaft Wildenstein gehörte, nutzte die Höhle dabei als Wohnraum. Spuren davon sind heute noch zu finden.

Von der Idagrotte geht es nun weiter Richtung Königsweg. Diesem folgt die Strecke bis zum Bloßstock, wo sie links auf die Untere Affensteinpromenade abbiegt. Dieser Weg ist gut ausgebaut. Nach rechts würde man wieder ins Kirnitzschtal kommen und könnte den Flößersteig zurück zum Parkplatz nehmen. Unsere Tour führt jedoch nach links bis zum gemütlichen Abstieg durch die Eulentilke und dann wieder über den Nassen Grund zurück zum Parkplatz.

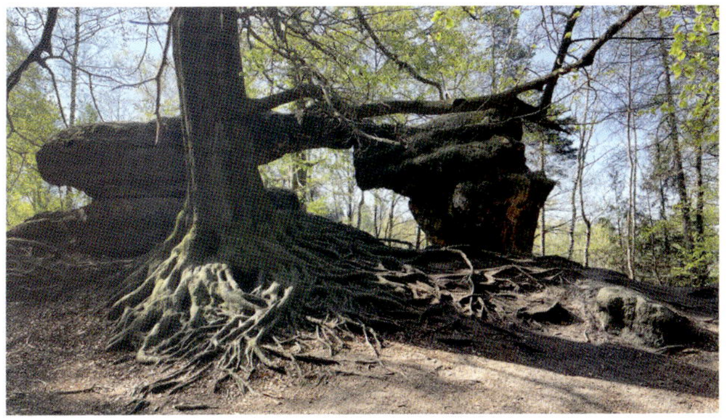

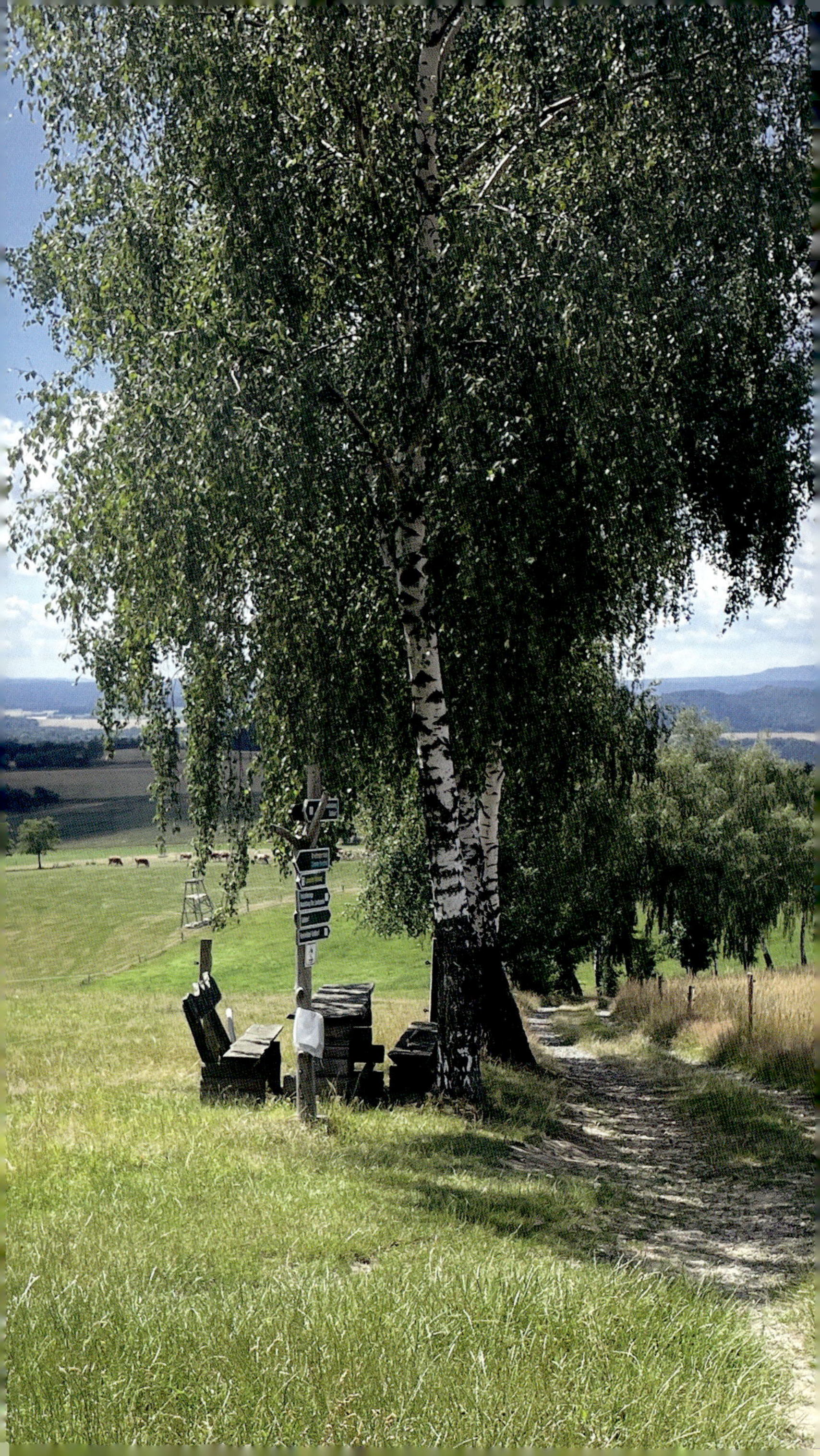

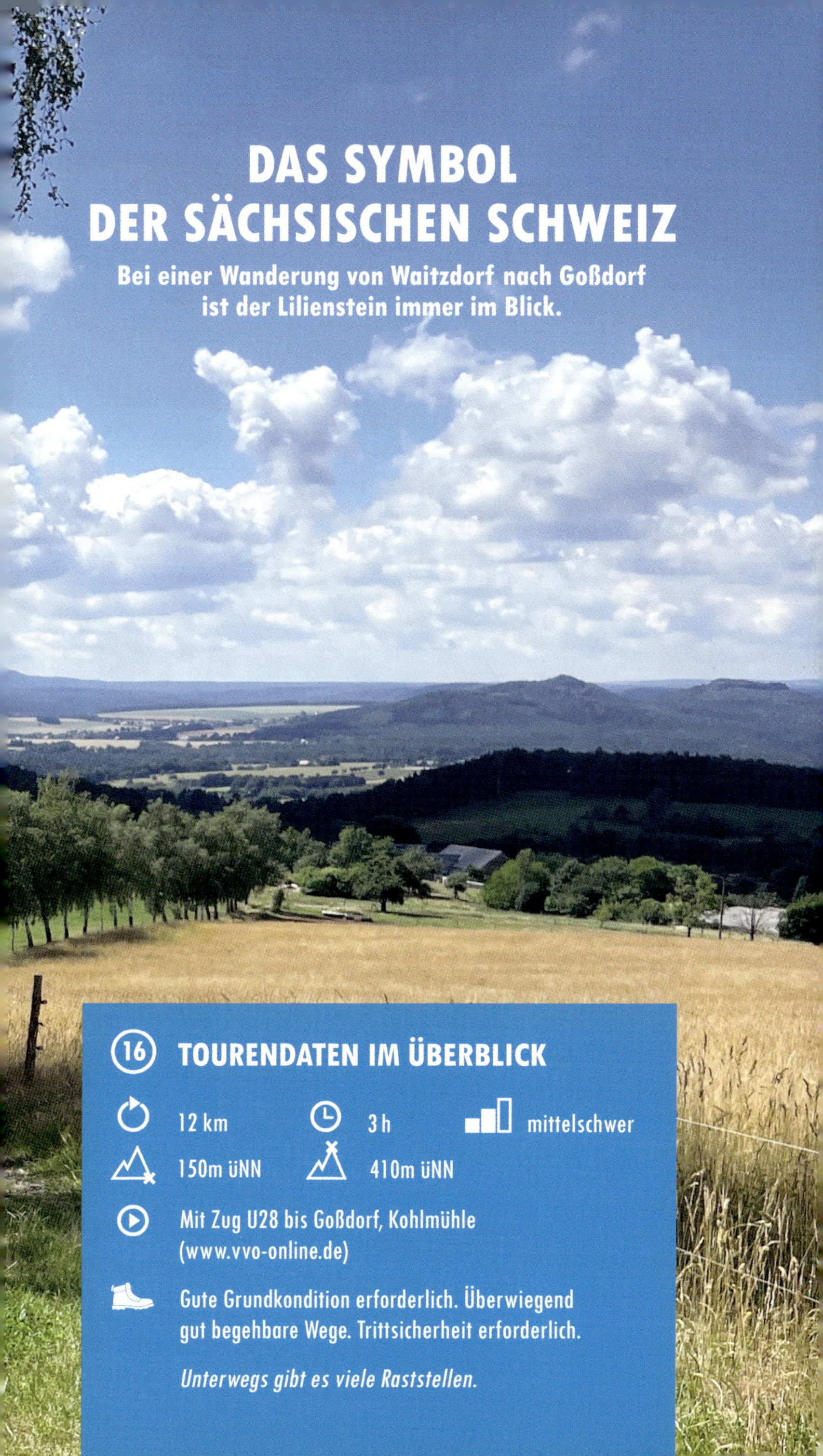

DAS SYMBOL DER SÄCHSISCHEN SCHWEIZ

Bei einer Wanderung von Waitzdorf nach Goßdorf ist der Lilienstein immer im Blick.

(16) TOURENDATEN IM ÜBERBLICK

12 km

3 h

mittelschwer

150m üNN

410m üNN

Mit Zug U28 bis Goßdorf, Kohlmühle (www.vvo-online.de)

Gute Grundkondition erforderlich. Überwiegend gut begehbare Wege. Trittsicherheit erforderlich.

Unterwegs gibt es viele Raststellen.

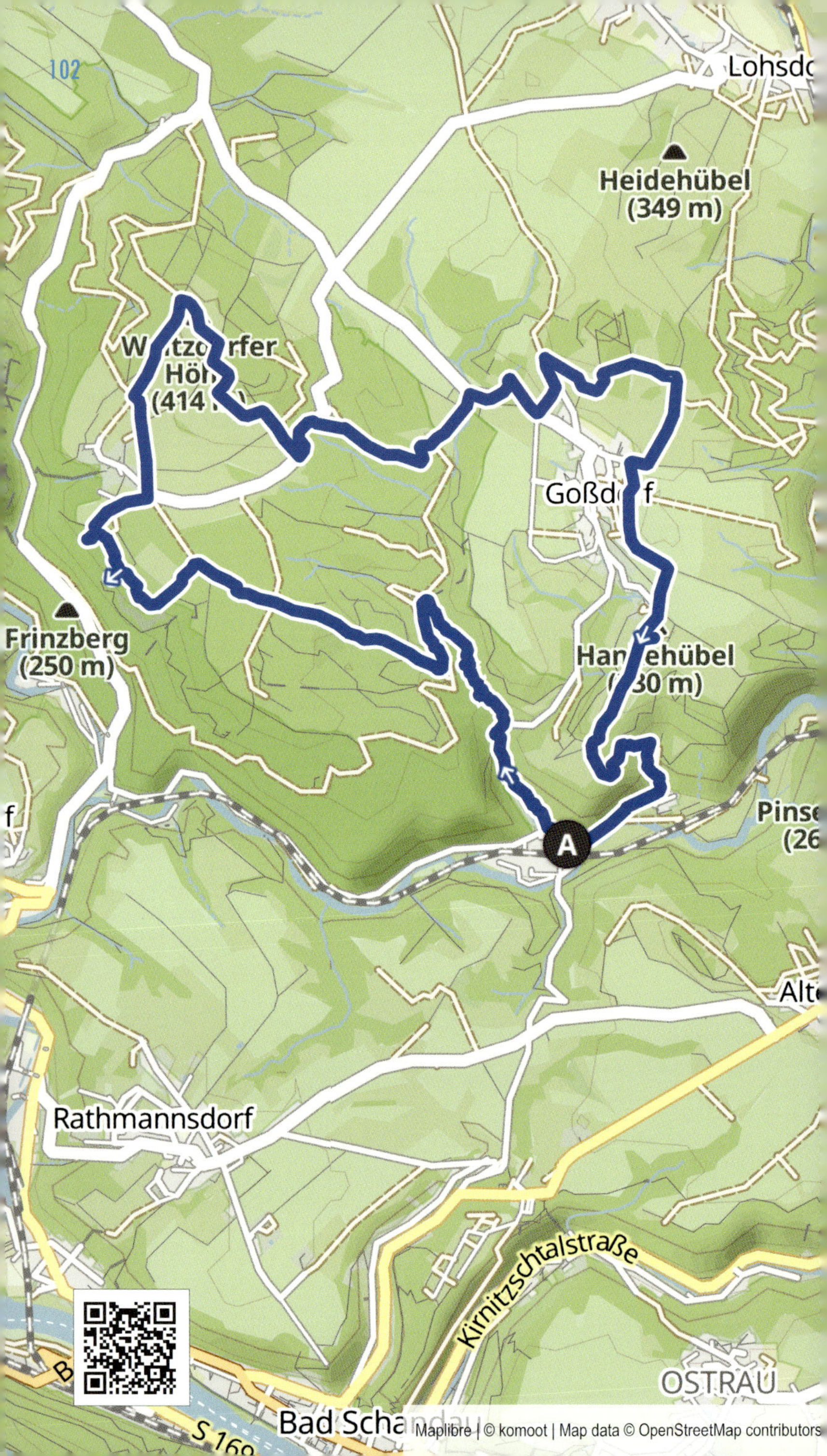
Heidehübel
(349 m)
Frinzberg
(250 m)
A
Rathmannsdorf
Kirnitzschtalstraße
OSTRAU
Maplibre | © komoot | Map data © OpenStreetMap contributors

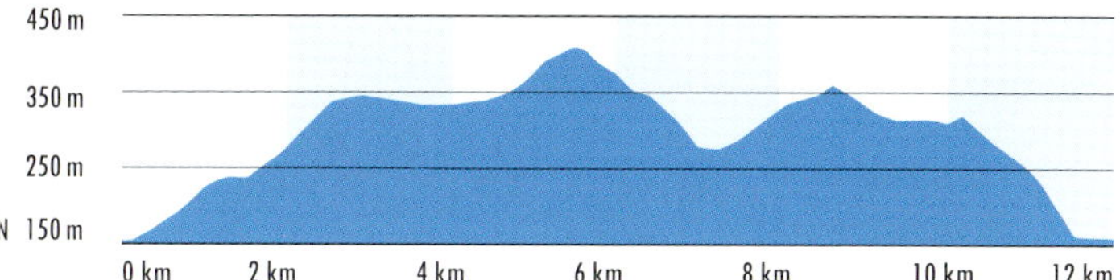

DAS SYMBOL DER SÄCHSISCHEN SCHWEIZ

Die Tour startet auf dem Parkplatz in Goßdorf-Kohlmühle. Wer mit dem Zug anreist: Der Haltepunkt Goßdorf-Kohlmühle wird von Bad Schandau aus angefahren. Über den Malerweg („Am Kohlichtgraben") geht es Richtung Goßdorf. Nach etwa 400 Metern biegt der Malerweg links ab und folgt dem Kohlichtgraben in den Nationalpark Sächsische Schweiz hinein.

Es ist ein schöner Aufstieg, der am Bach entlangführt und auch an warmen Tagen Schatten bietet. Wo Kohlichtgraben und Schindergraben aufeinandertreffen, biegt die Strecke nach links ab auf den Mühlweg. Dieser macht noch eine Biegung nach rechts, bevor es ein ganzes Stück geradeaus geht. Nun kommt ein Hinweisschild: nach links zur Waitzdorfer Höhe.

BLICK AUF DEN LILIENSTEIN

Es geht an den Ochelwänden mit zahlreichen Kletterfelsen vorbei. Nun folgen gleich zwei Aussichtspunkte dicht hintereinander. Bei beiden lädt eine Bank zum Rastmachen ein – genialer Blick inklusive. Der Lilienstein ist nicht nur ein markanter Tafelberg im Elbsandsteingebirge, sondern auch das Symbol der Sächsischen Schweiz. Nun führt die

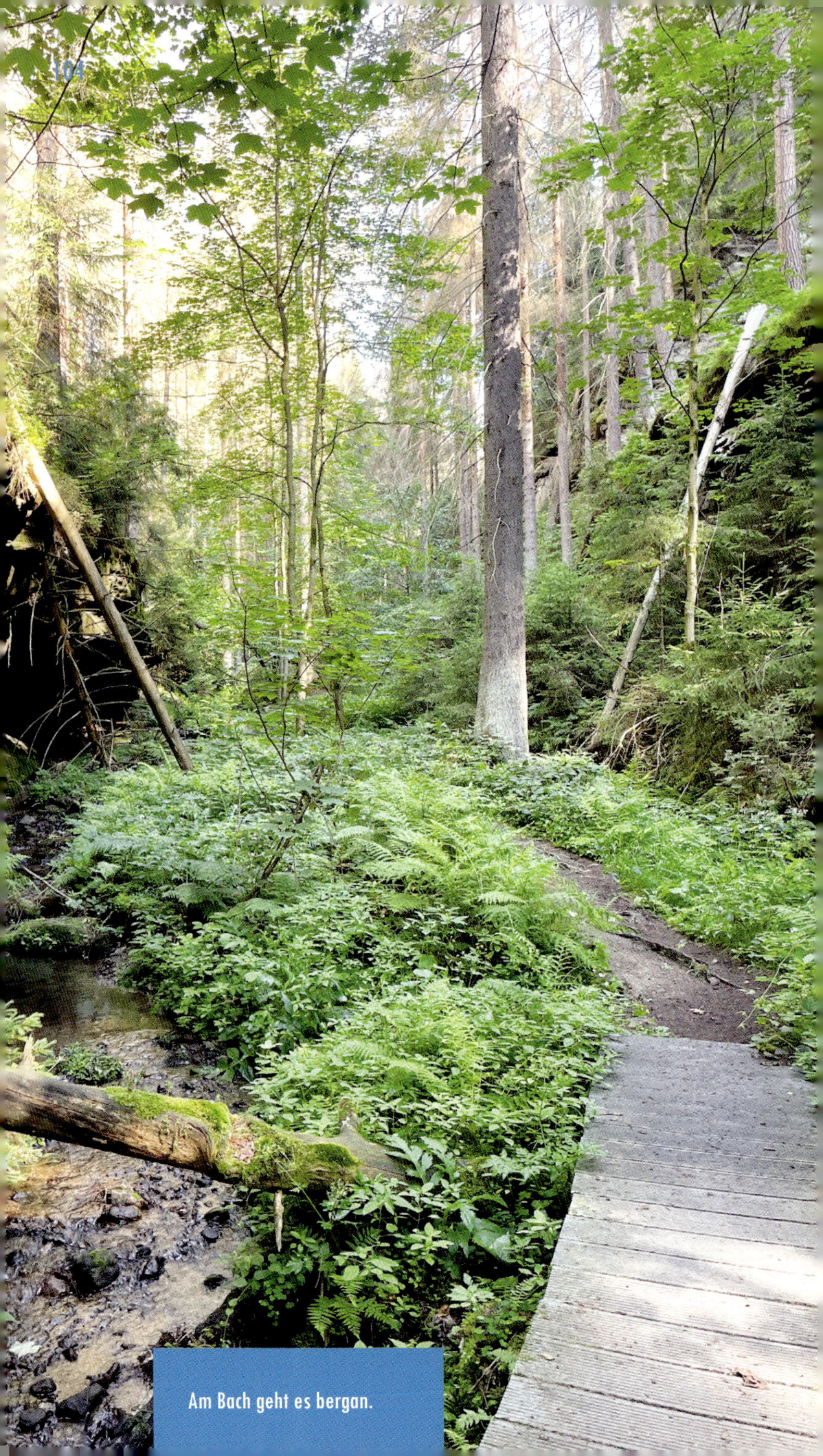

Am Bach geht es bergan.

Tour über die Straße „Zum Dorfgrund“ weiter nach Waitzdorf und passiert links die Waitzdorfer Schänke. Im Ort verläuft die Strecke nach links in den Holländerweg, der rechts in den Leichenweg abbiegt. Von hier aus bietet sich ein herrlicher Blick auf Waitzdorf. Nun geht es hinauf zur Waitzdorfer Höhe. Wer den linken Aufstieg wählt, wandert auf dem schattigen Weg. Die Waitzdorfer Höhe wartet mit 414 Metern Höhe und ebenfalls einem fantastischen Blick auf. Bergauf und bergab kann man sogar Galloway-Rinder bestaunen. Sie gehören zu einem Beweidungsprojekt der Nationalparkverwaltung, das 1992 zum Erhalt der Kulturlandschaft initiiert wurde.

Die Strecke führt nun rechts, dann links immer am Waldrand entlang, quert den Erbgerichtsweg und biegt dann ein ganz kurzes Stück links auf die K8730, bis es rechts in den Schulweg geht. Erst hinab und dann bergan erreicht die Wanderung nun Goßdorf. Unsere Route führt am äußeren Dorfrand Richtung Gickelsberg. Wer mag, kann noch den Schlenker auf den ebenfalls 414 Meter hohen Berg machen. Diese Tour biegt jedoch nach etwa 100 Metern Aufstieg nach rechts ab und folgt dem Wanderweg Richtung Hankehübel, der auch als Geopfad gekennzeichnet ist. Überall finden sich Raststellen zum Ausruhen, auch auf dem Hankehübel selbst. Von dem Berg hinunterkommend, geht es auf den Hankehübelweg und hinunter ins Tal zur Sebnitz und zurück zur Kohlmühle.

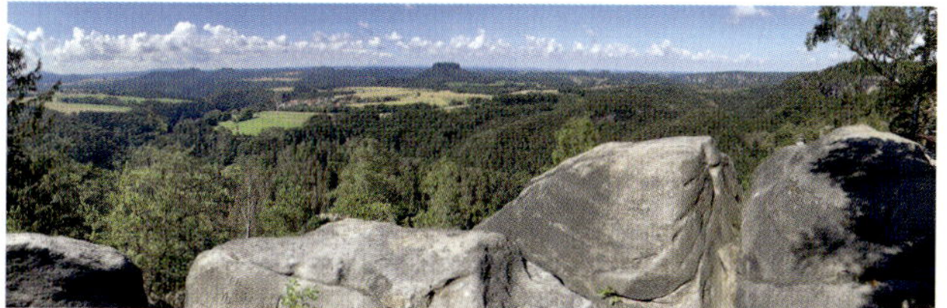

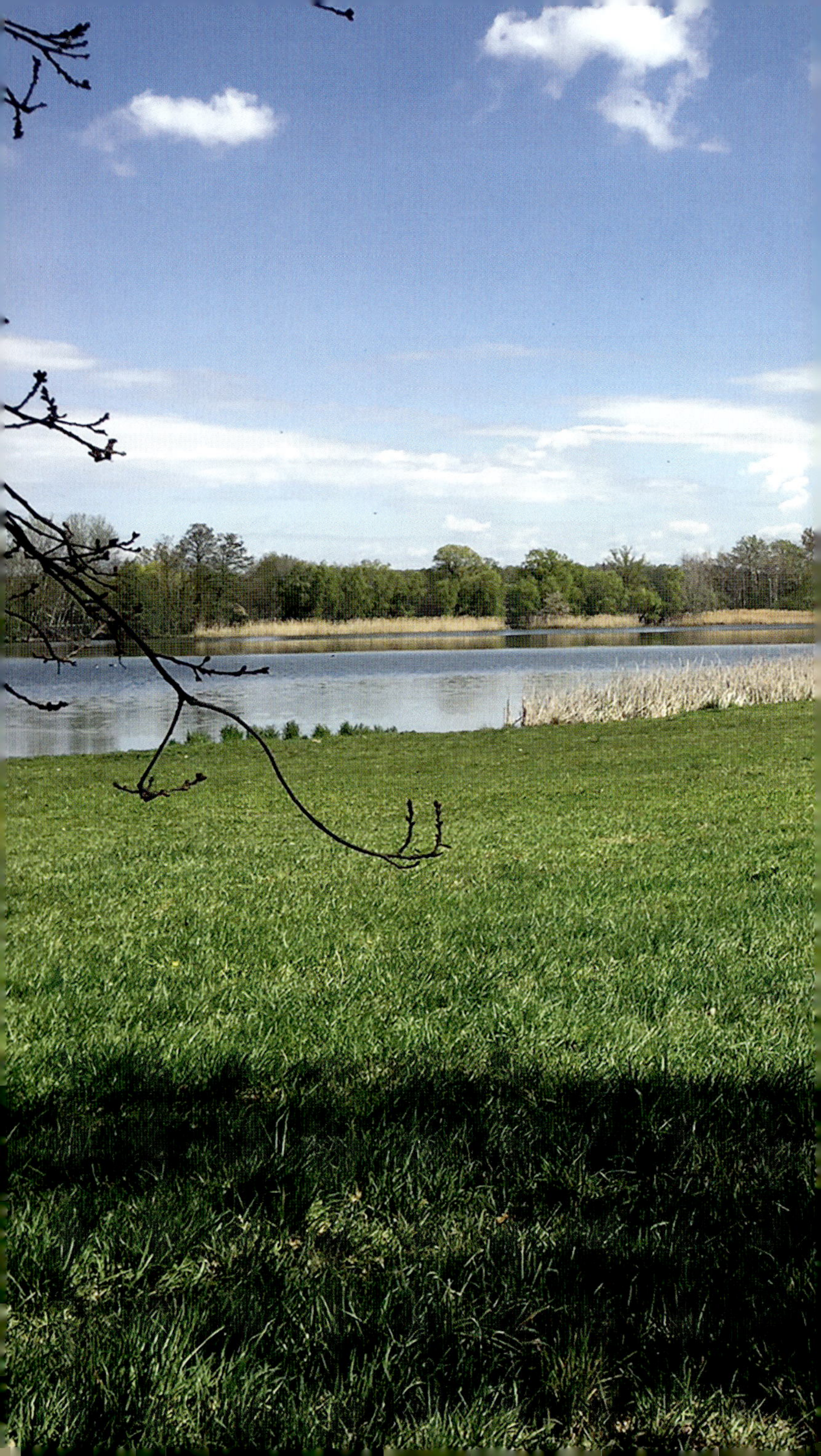

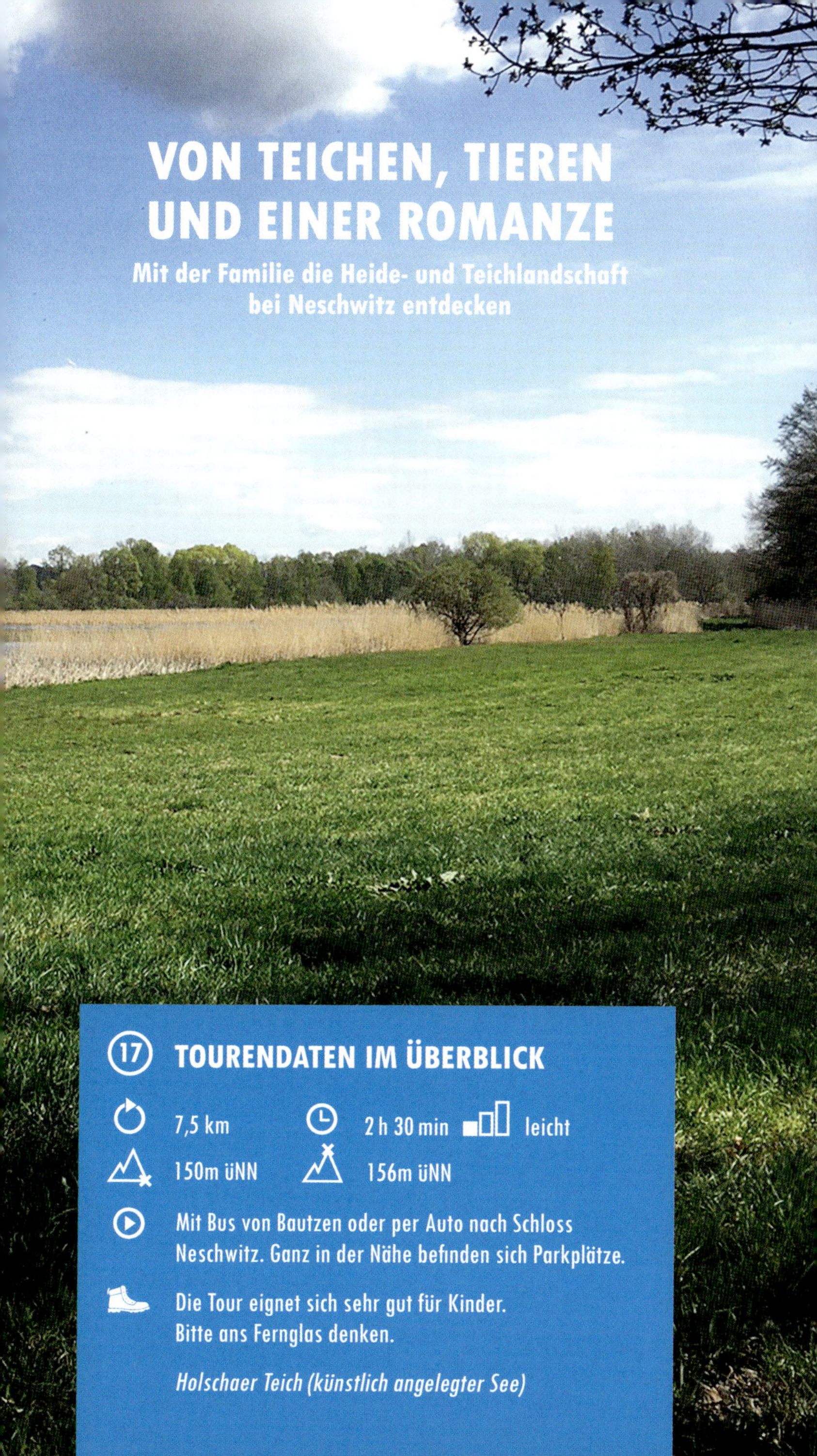

VON TEICHEN, TIEREN UND EINER ROMANZE

Mit der Familie die Heide- und Teichlandschaft bei Neschwitz entdecken

(17) TOURENDATEN IM ÜBERBLICK

7,5 km

2 h 30 min

leicht

150m üNN

156m üNN

Mit Bus von Bautzen oder per Auto nach Schloss Neschwitz. Ganz in der Nähe befinden sich Parkplätze.

Die Tour eignet sich sehr gut für Kinder. Bitte ans Fernglas denken.

Holschaer Teich (künstlich angelegter See)

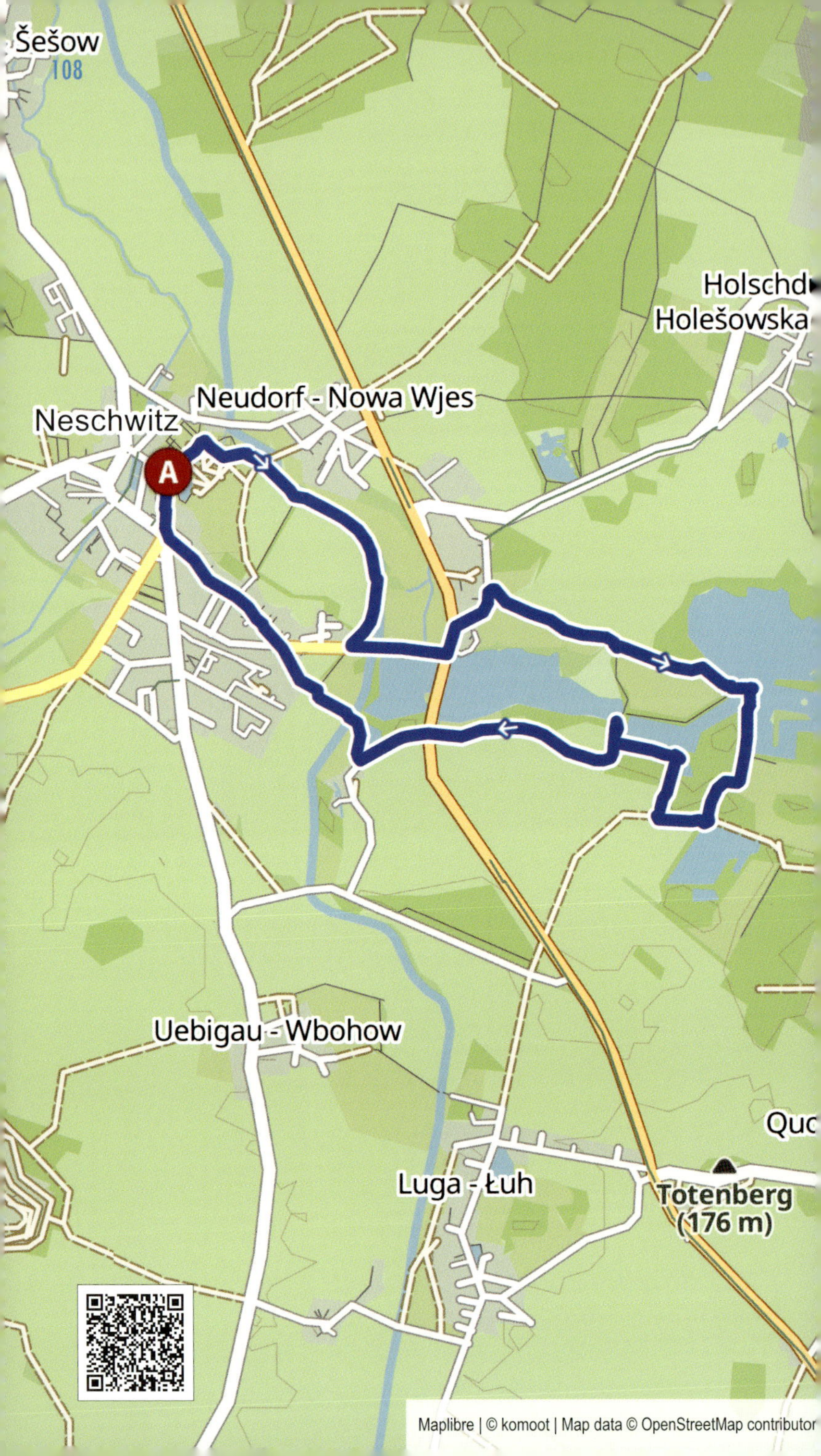

Šešow
108
Holschd
Holešowska
Neudorf - Nowa Wjes
Neschwitz
A
Uebigau - Wbohow
Quc
Luga - Łuh
Totenberg
(176 m)
Maplibre | © komoot | Map data © OpenStreetMap contributor

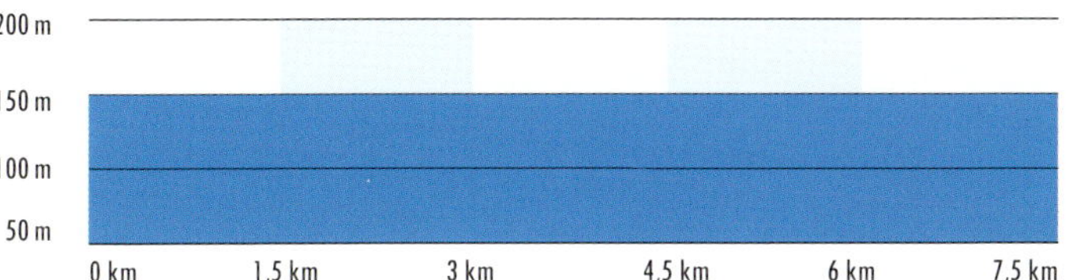

VON TEICHEN, TIEREN UND EINER ROMANZE

Wer am Wochenende etwas Schönes mit der Familie unternehmen möchte, fasst vielleicht auch eine Wanderung ins Auge. Beinahe alle Kinder lieben es, Tiere zu beobachten und die kleinen und großen Wunder der Natur zu entdecken. Wie wäre es da beispielsweise mit einem Ausflug in die Oberlausitz? Ihre Heide-und Teichlandschaft ist prägend für die Region und sogar UNESCO-Biosphärenreservat. Die Heide- und Teichlandschaft ist zudem Heimat vieler, zum Teil bedrohter, Tier- und Pflanzenarten sowie Rastgebiet für zahlreiche Zugvögel.

Unsere Wanderung führt nach Neschwitz. Start ist am Eingang zum Schloss. Als Hochzeitsgeschenk für seine zukünftige Braut Ursula Katharina von Altenbockum, ehemalige Mätresse August des Starken, ließ Prinz Friedrich Ludwig von Württemberg-Winnental das Barockschloss 1721 bis 1723 erbauen. Dazu entstanden vier Pavillons, von denen heute noch drei erhalten sind. Die insgesamt etwa fünf Hektar große Anlage mit dem barocken Schlosspark zählt zu den schönsten in der Oberlausitz. Sie ist eine Mischung aus symmetrisch angelegten Wegen, Alleen, diversen Sichtachsen sowie landschaftlich gestalteten Bereichen.

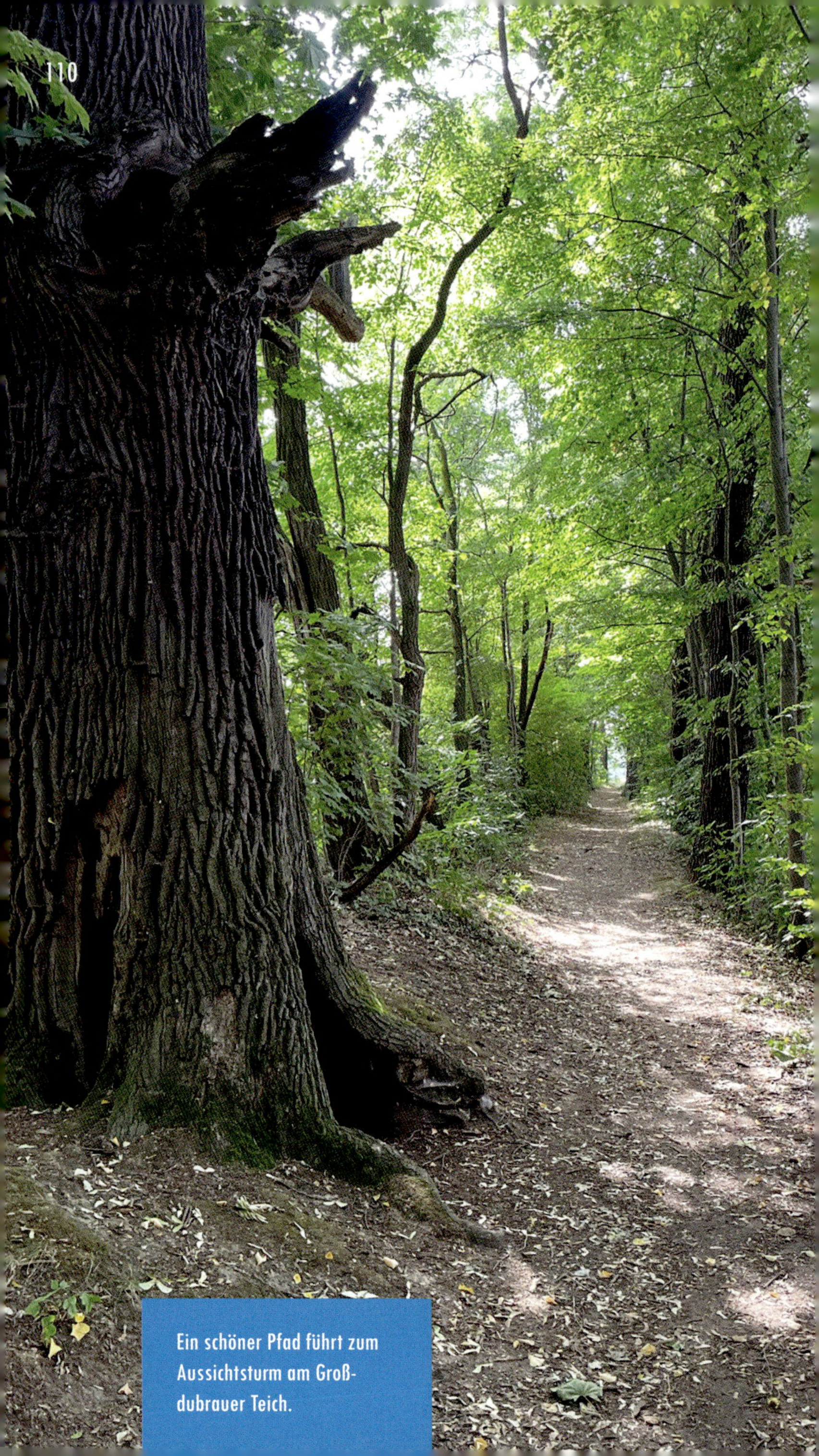

Ein schöner Pfad führt zum Aussichtsturm am Groß-dubrauer Teich.

STEINKUNDE UND TEICHWIRTSCHAFT

Hinter dem Schlosspark führt rechts ein Weg mit mehr als 30 Findlingen entlang. Jeder Stein des Eiszeitlehrpfades hat eine kleine Erklärtafel zur Art des Gesteins und zu seiner Herkunft. Auf der schönen Baumallee geht es am Bach entlang weiter bis zur Bautzner Straße. Dort führt die Tour links nach Holscha. In Holscha die erste Straße rechts abbiegen und bis zum Wildgehege weiterlaufen. Hier führt rechts ein Wanderweg am Großen Holschaerteich vorbei bis zum Aussichtsturm am Großen Dubrauer Teich. Über 1000 solcher angelegten Gewässer finden sich in der Oberlausitz. Diese Teiche dienen auch heute noch der Fischzucht. Von hier aus geht es rechts weiter bis zum Altteich. Auf dem Froschweg finden sich allerhand Tafeln mit Wissenswertem und kleinen Spielen für Kinder. Diesem Weg folgt die Tour bis zum Großen Holschaerteich. Den Wanderweg „Unkenpfad" entlang geht es bis Kleinholscha. Kurz vor dem Ort geht es rechts über das Hoyerswerdaer Schwarzwasser auf den Wiesenweg und über die Bautzner Straße hinweg bis zum Schloss zurück. Kurz vor dem Ziel in der Parkstraße steht die Neschwitzer Kirche, eine der ältesten der Gegend. Bis 1979 wurde hier auch auf Sorbisch gepredigt.

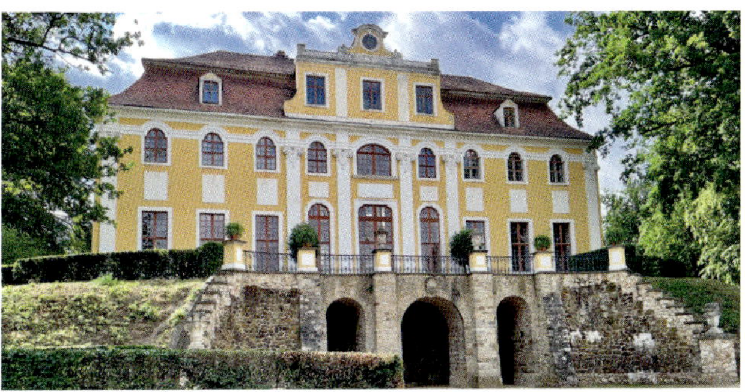

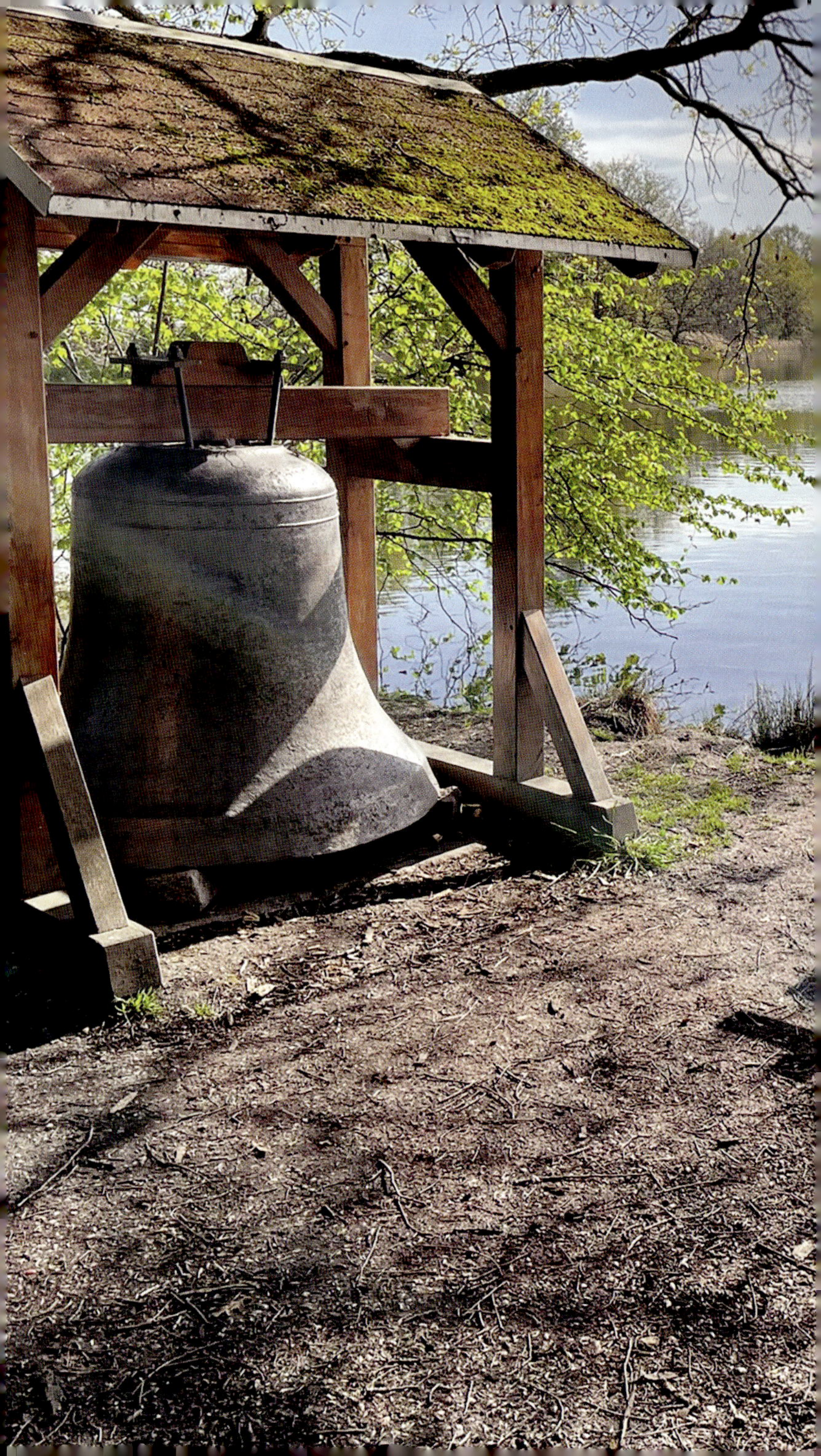

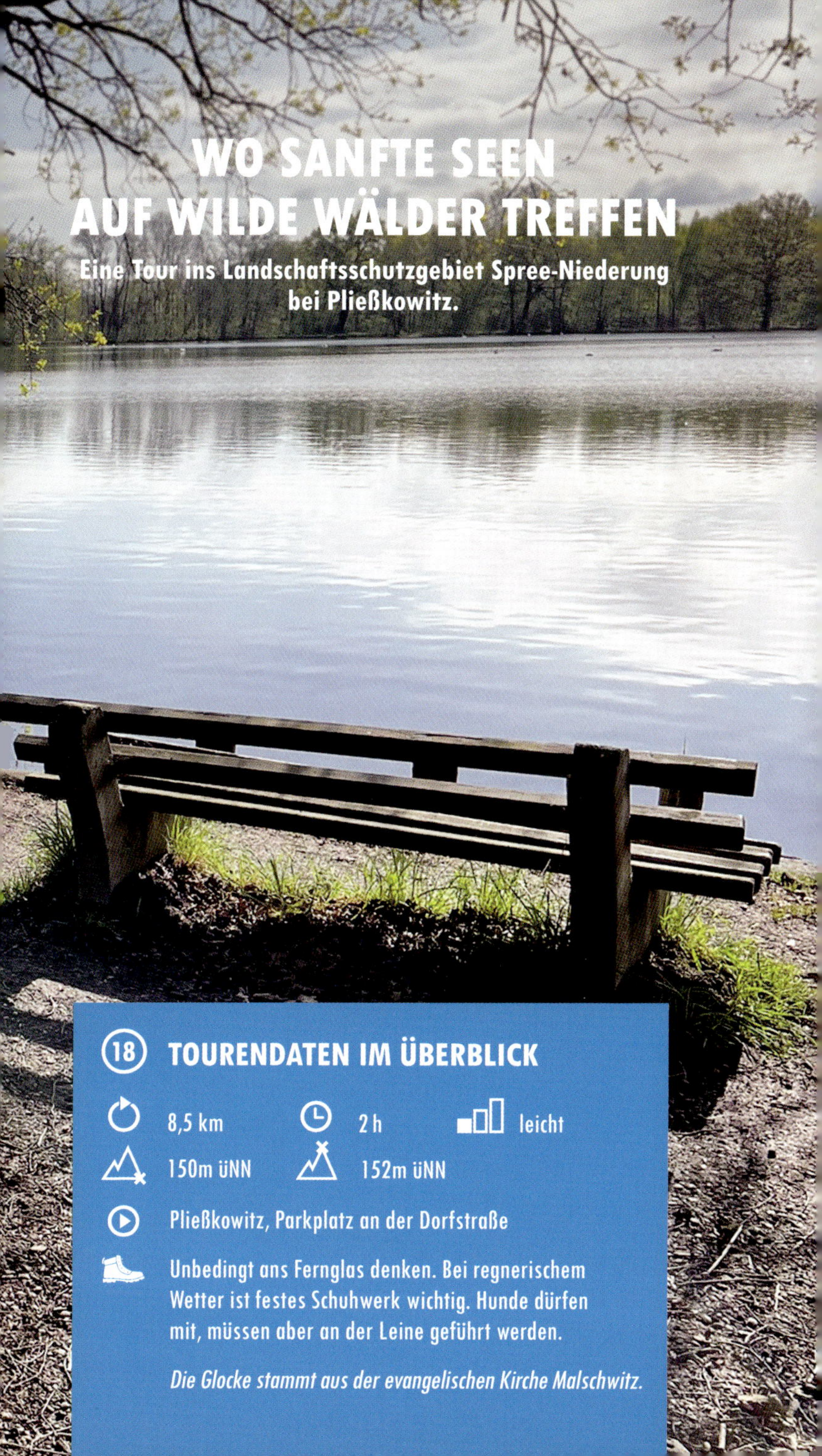

WO SANFTE SEEN AUF WILDE WÄLDER TREFFEN

Eine Tour ins Landschaftsschutzgebiet Spree-Niederung bei Pließkowitz.

(18) TOURENDATEN IM ÜBERBLICK

8,5 km | 2 h | leicht

150m üNN | 152m üNN

Pließkowitz, Parkplatz an der Dorfstraße

Unbedingt ans Fernglas denken. Bei regnerischem Wetter ist festes Schuhwerk wichtig. Hunde dürfen mit, müssen aber an der Leine geführt werden.

Die Glocke stammt aus der evangelischen Kirche Malschwitz.

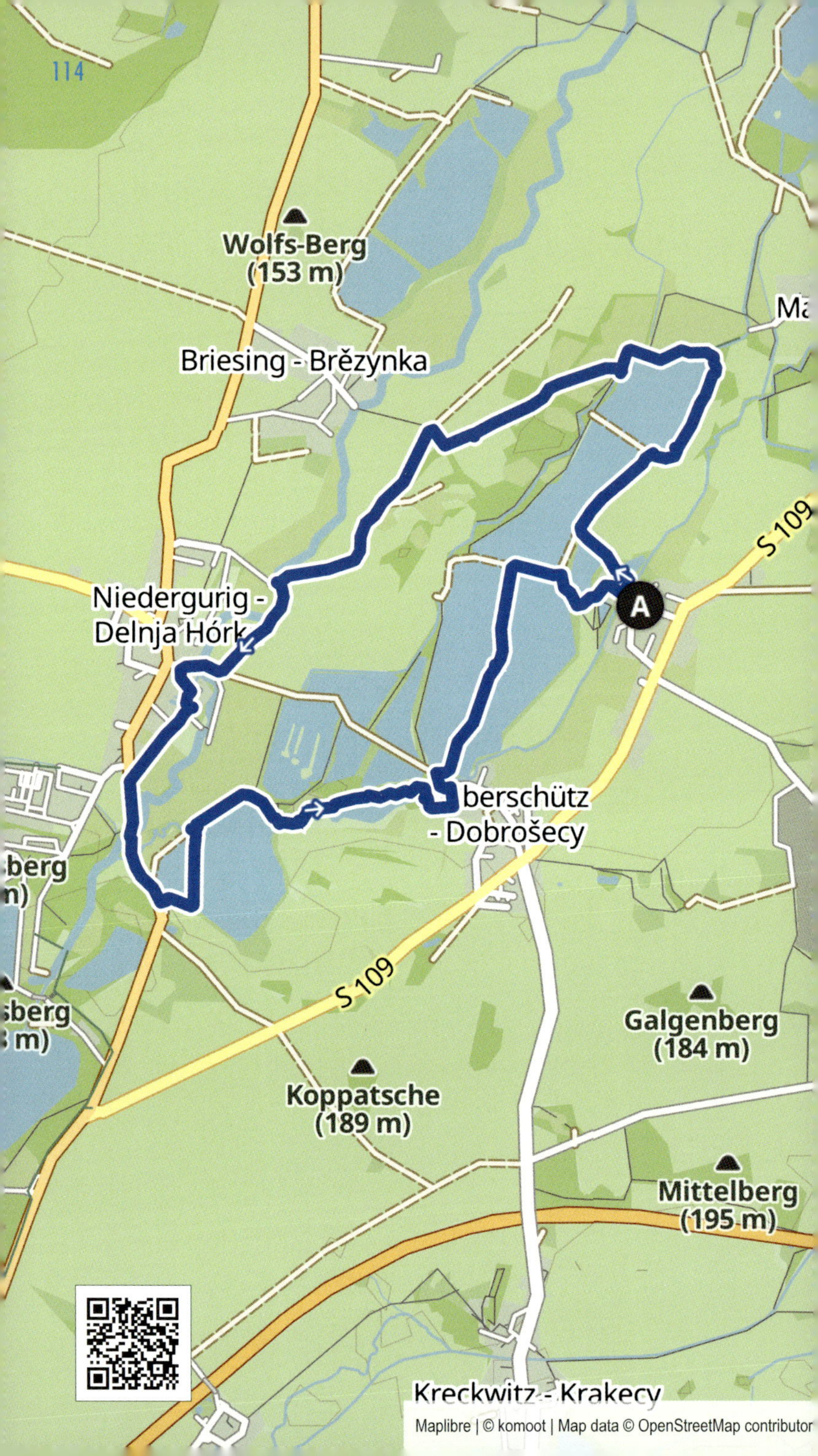
Wolfs-Berg
(153 m)
Briesing - Brězynka
Ma
S 109
Niedergurig -
Delnja Hórk
A
berschütz
- Dobrošecy
berg
n)
sberg
m)
S 109
Galgenberg
(184 m)
Koppatsche
(189 m)
Mittelberg
(195 m)
Kreckwitz - Krakecy
Maplibre | © komoot | Map data © OpenStreetMap contributor

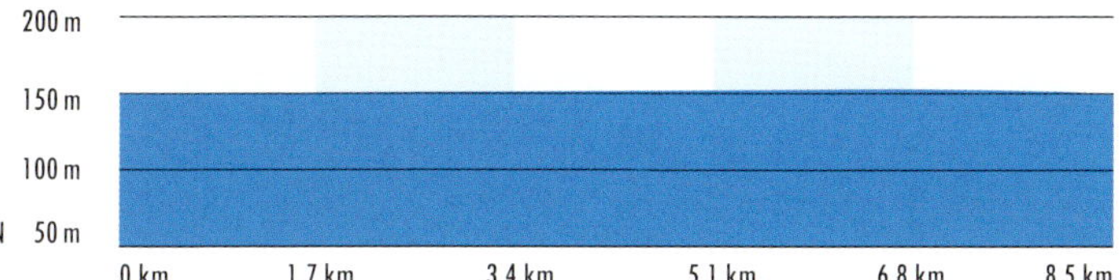

WO SANFTE SEEN AUF WILDE WÄLDER TREFFEN

Start der Wanderung ist auf dem Parkplatz an der Dorfstraße oder der Bushaltestelle in Pließkowitz. Direkt neben dem Parkplatz befindet sich ein schöner Kinderspielplatz, der nach getaner Runde als krönender Abschluss besucht werden kann.

Vom Parkplatz aus geht es in Richtung der alten Brauerei. Davor biegt die Strecke rechts ab und führt nun zum Brauereiteich und weiter zum Teich 3. Dieser ist nicht besonders breit, sodass sich das gegenüberliegende Ufer von hier aus erkennen lässt.

Die Tour geht weiter auf dem Oberlausitzer Ringweg. Dieser hübsche Weg ist von Eschen gesäumt und führt am Ufer von Teich 4 entlang. Nun wird die nördliche Spitze des Teiches auf dem alten Kirchenweg in Richtung Niedergurig umrundet. Ein Stück hoch Richtung Malschwitz befindet sich auch eine Rasthütte, falls Bedarf besteht. Ansonsten verläuft die Route weiter zwischen Teich und dem Flüsschen Tschertonja. Ziemlich plötzlich taucht am Ufer der Teichlandschaft nun eine große Glocke auf. Sie stammt aus dem Jahr 1949 und befand sich bis März 2013 in der evangelischen Kirche Malschwitz. Eine Tafel erklärt vor Ort, was es mit diesem

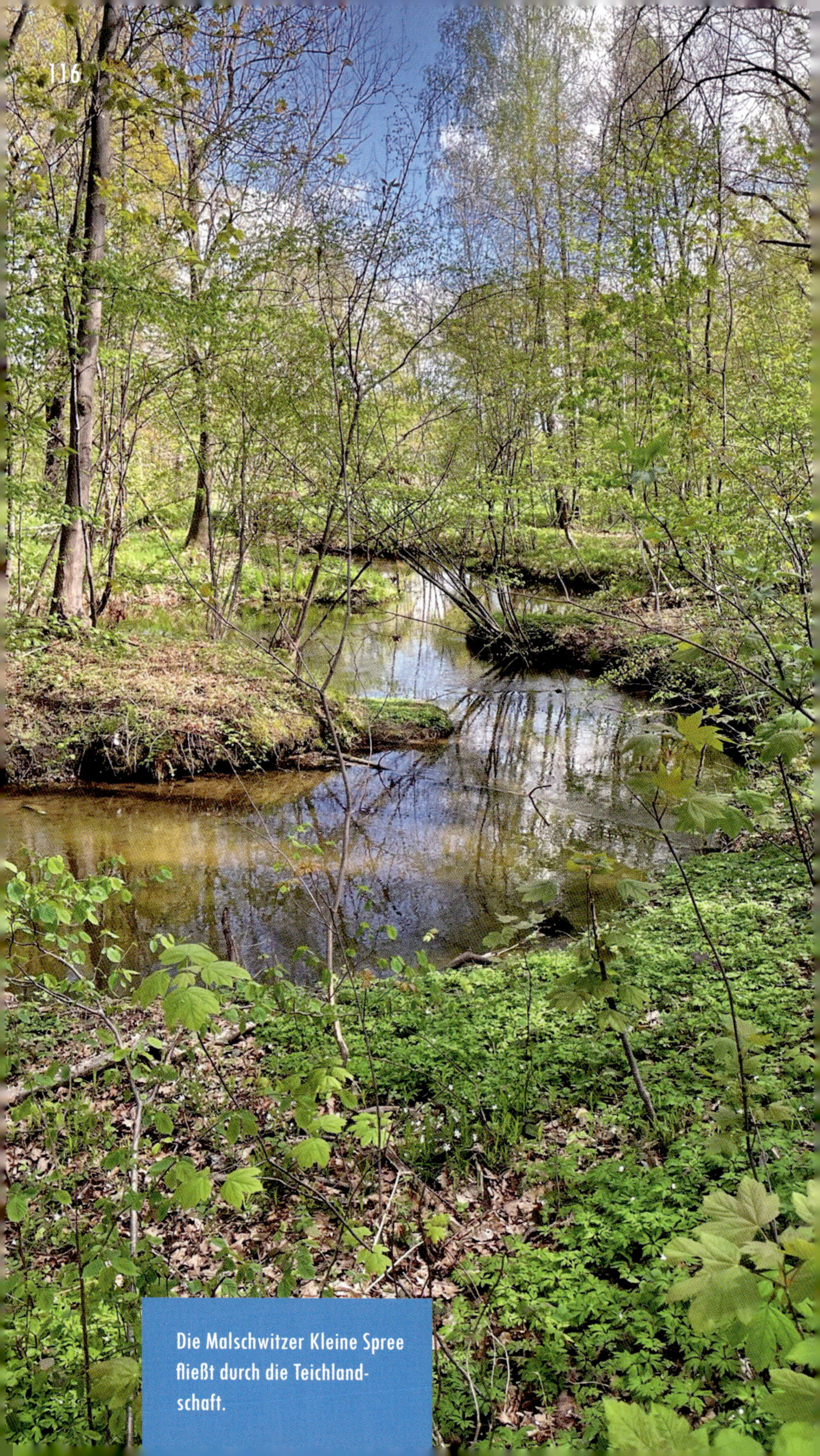

Die Malschwitzer Kleine Spree fließt durch die Teichlandschaft.

besonderen „Denk-Mal“ auf sich hat. Auf jeden Fall lohnt es sich, dort auf der Bank Platz zu nehmen und Augen und Gedanken schweifen zu lassen.

Der Alte Kirchweg führt nun hinein in ein romantisches Auwäldchen, das im Frühjahr von Buschwindröschen durchzogen wird. Danach eröffnet sich ein herrlicher Blick über die Felder. Die Strecke führt weiter bis an die Spree und nach Niedergurig, wo der Fluss die Teiche speist. Wer Glück hat, kann die Bewohner des Storchennestes beobachten, das hier steht. Als Abkürzung der Wanderung bietet sich hier der Weg „Im Rittergut“ an. Er führt am Großen Nicolausteich vorbei Richtung Doberschütz. Ansonsten geht es auf der ursprünglichen Route weiter bis zum barocken Rittergut, das jedoch nicht zu besichtigen ist.

Nun folgt die Strecke ein Stück der Bundesstraße 156, überquert die Spree und die Kleine Spree, bevor es zurück zu den Teichen geht. Ein von Birken gesäumter Damm führt zwischen Kleinem und Großem Ziegelteich hindurch bis zur Rieseneiche. Sie soll etwa 800 Jahre alt sein und hat einen Stammumfang von elf Metern. An der Malschwitzer Kleinen Spree entlang geht es auf schattigen Pfaden weiter Richtung Doberschütz.

Nun biegt der Weg links ab und führt zwischen Teich 1 und 2 hindurch. Hier können einem schon mal Schwäne über den Weg laufen oder Otter in die Kamera lächeln. Die Route biegt am Ende rechts ab und führt zurück zum Ausgangspunkt.

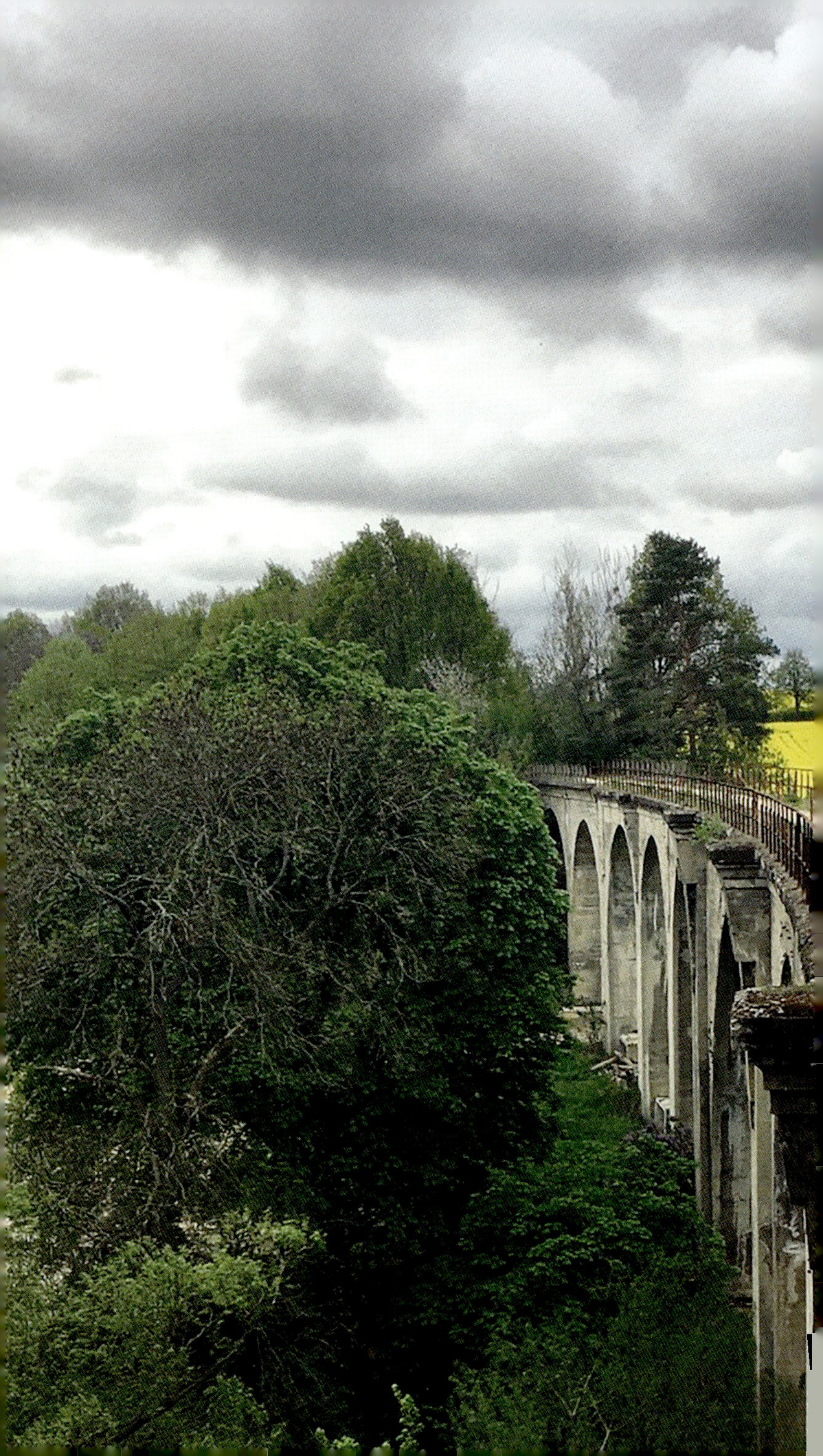

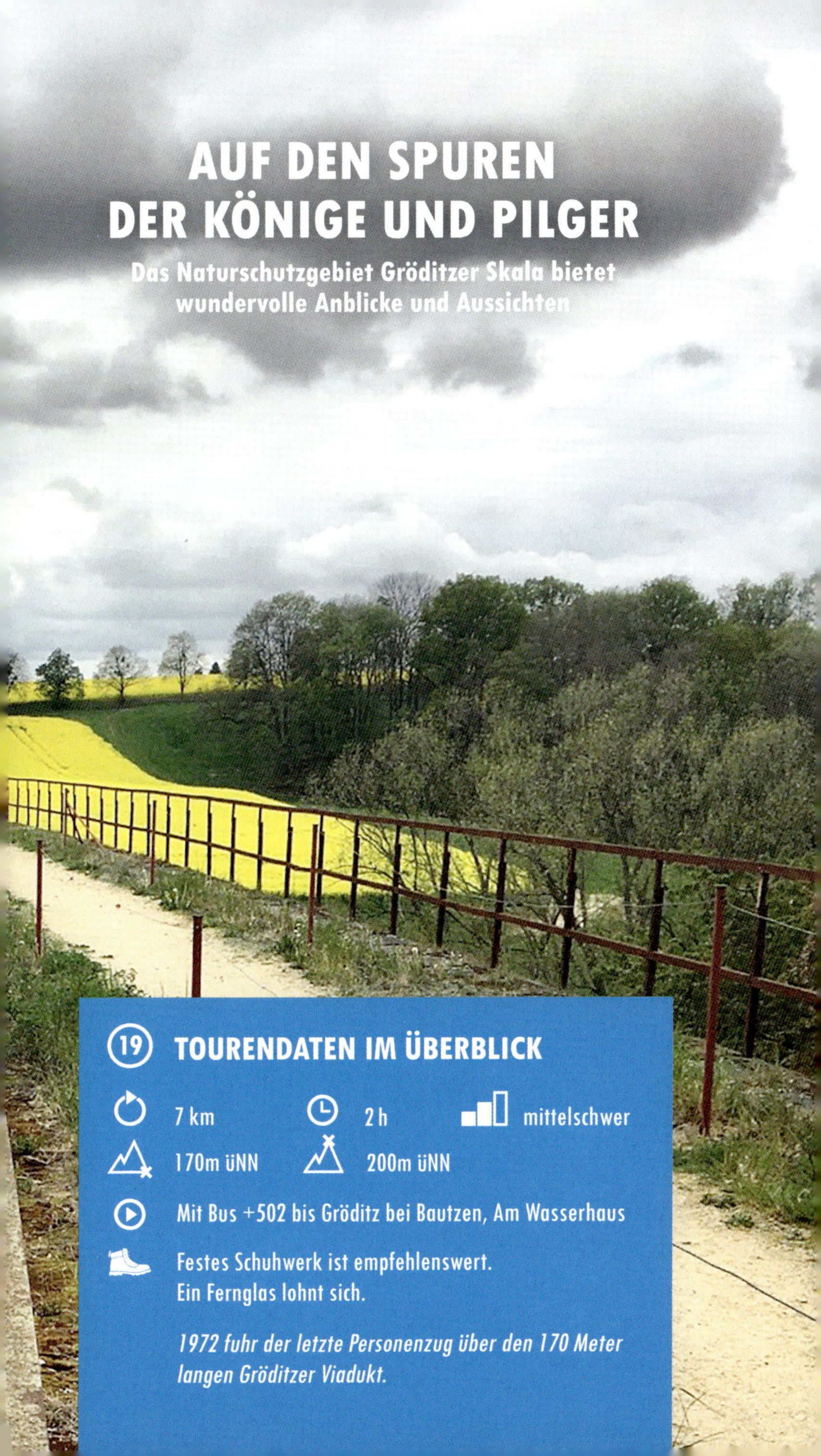

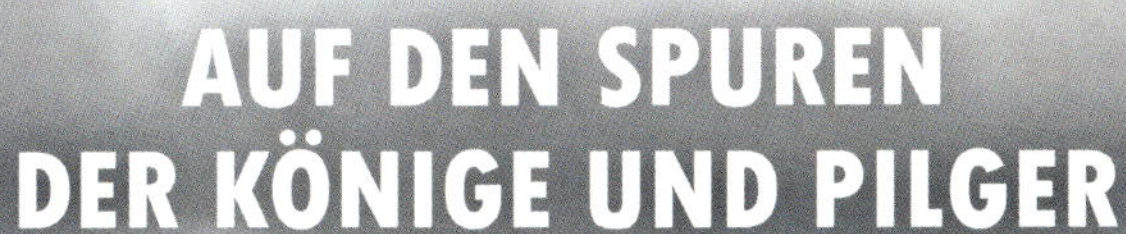

AUF DEN SPUREN DER KÖNIGE UND PILGER

Das Naturschutzgebiet Gröditzer Skala bietet wundervolle Anblicke und Aussichten

(19) TOURENDATEN IM ÜBERBLICK

7 km | 2 h | mittelschwer

170m üNN | 200m üNN

Mit Bus +502 bis Gröditz bei Bautzen, Am Wasserhaus

Festes Schuhwerk ist empfehlenswert.
Ein Fernglas lohnt sich.

1972 fuhr der letzte Personenzug über den 170 Meter langen Gröditzer Viadukt.

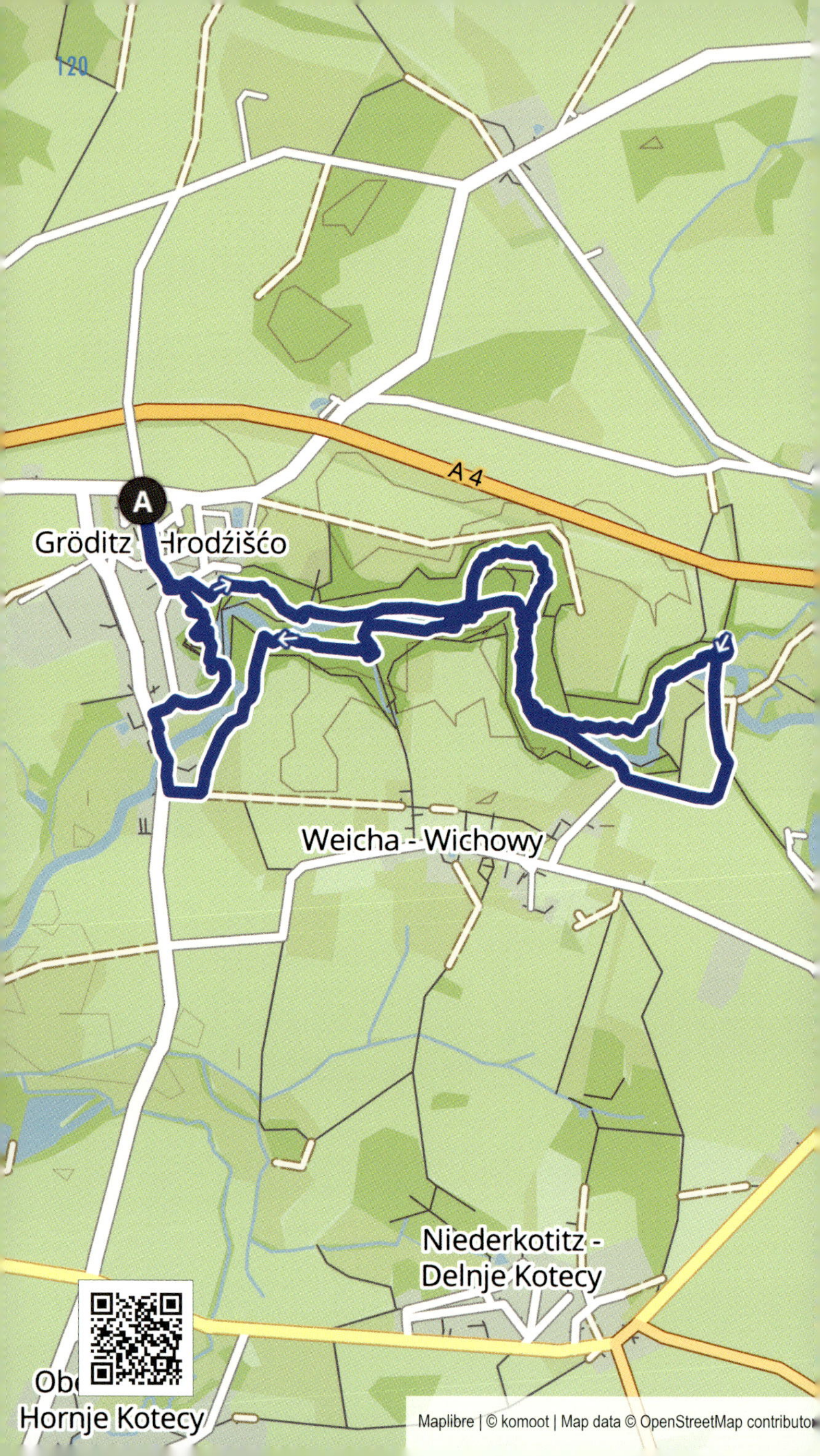
A 4
A
Gröditz - Hrodźišćo
Weicha - Wichowy
Niederkotitz -
Delnje Kotecy
Ob
Hornje Kotecy
Maplibre | © komoot | Map data © OpenStreetMap contributor

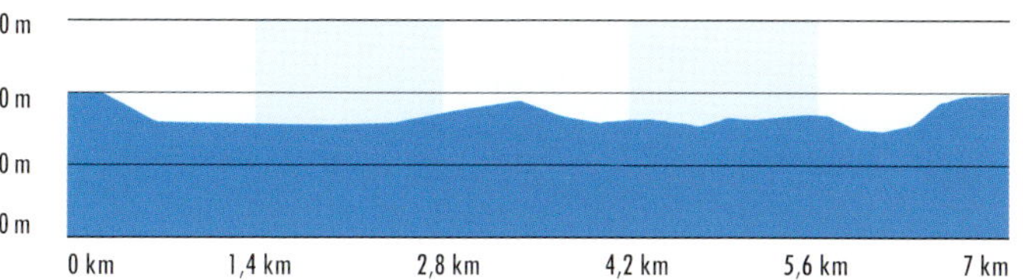

AUF DEN SPUREN DER KÖNIGE UND PILGER

Schon ein Leben lang – nämlich 86 Jahre – ist die Gröditzer Skala Naturschutzgebiet. 1938 wurde zunächst der Weichaer Teil, 1961 dann das gesamte Areal zwischen Gröditz, Weicha und Wuischke dazu erklärt. Das Löbauer Wasser schlängelt sich hier durch die Felsen und formt das Tal seit der Elster-Kaltzeit. Das insgesamt 39 Hektar große Gebiet zeichnet sich durch eine einzigartige Vegetationsvielfalt aus und bietet zahlreichen Tieren einen idealen Lebensraum.

Start des Rundwegs ist am Barockschloss Gröditz, auch „Weiße Perle" genannt. Auf dem südlichen Gelände der Parkanlage finden sich Überreste einer frühmittelalterlichen Befestigungsanlage. Die „Gröditzer Schanze" ist ein wichtiges Zeugnis für die frühe slawische Besiedlung des Geländes und des Ortes Gröditz. Der Park verfügt zudem über alten Baumbestand und seltene Pflanzen. 2007 machte Beat von Zenker, ein Großneffe des letzten Schlossherren, sowohl Schloss als auch Park wieder für Besucher zugänglich.

Am Schloss führt links der Weg zum Abstieg in das steilwandige Felsental. Gegen die Flussrichtung geht es links bis zum Gröditzer Viadukt. Hier führte einst die Bahnstrecke Löbau–Weißenberg–Radibor entlang. Am Ende des Zweiten Weltkrieges sprengte die Wehrmacht den Viadukt. Später

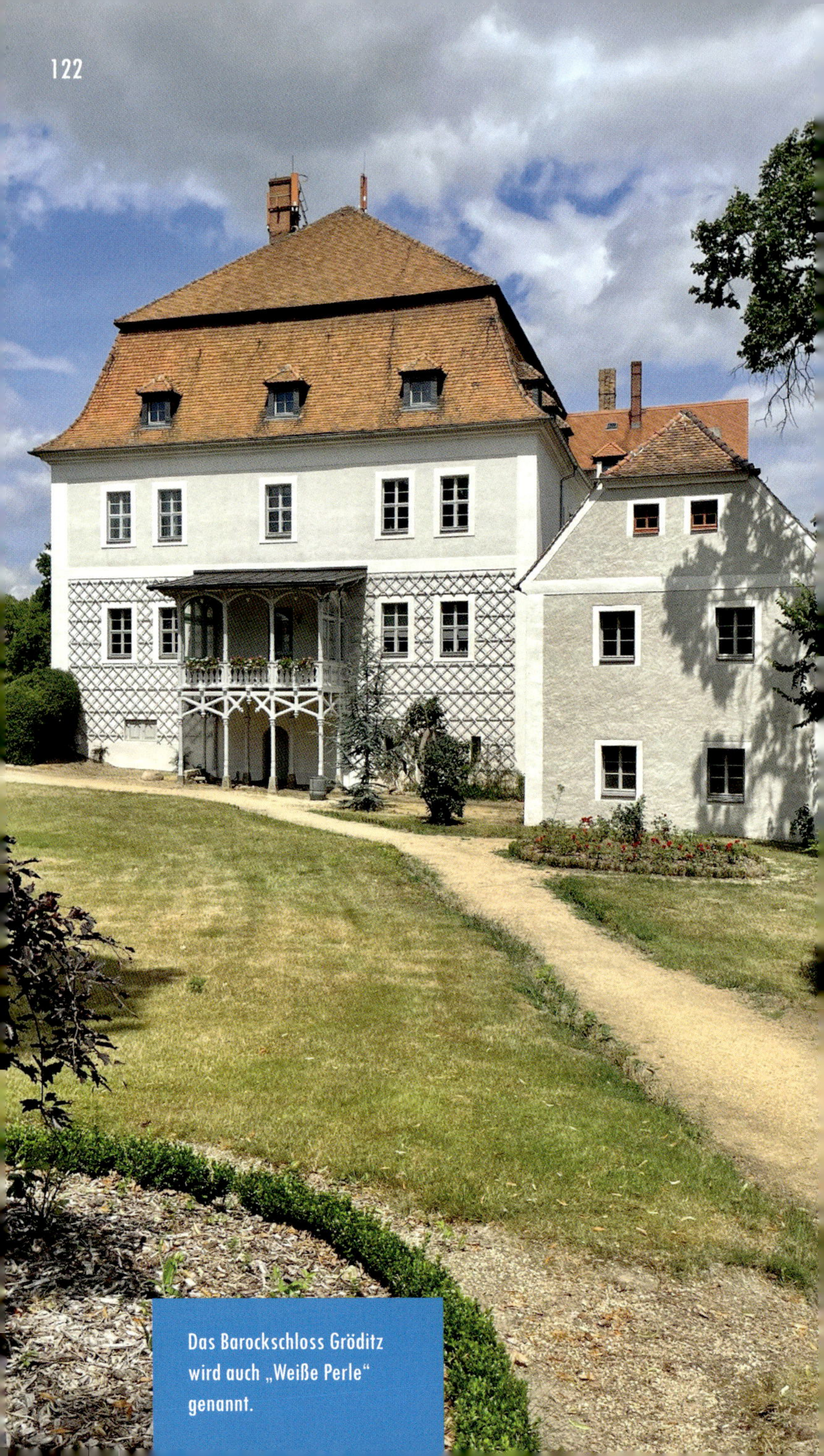

Das Barockschloss Gröditz wird auch „Weiße Perle“ genannt.

wurde er neu aufgebaut. 1972 fuhr dann der letzte Personenzug über diese Strecke, heute eröffnet der 170 Meter lange, zehnbogige Betonbau dem Wanderer beim Überqueren einen herrlichen Weitblick über die Landschaft und die Mühle am Löbauer Wasser.

UNTERWEGS AUF DER KÖNIGLICHEN STRASSE

Der Rundgang führt über den Viadukt und dann rechts auf dem Jakobsweg weiter bis zur Brücke. Der Pilgerweg verläuft an dieser Stelle entlang der historischen Handelsroute Via Regia. Diese Strecke ist auch als Ökumenischer Pilgerweg bekannt. „Via Regia" stammt aus dem Lateinischen und meint „Königliche Straße" oder auch „Straße unter königlichem Schutz". Der Ursprung der Via Regia geht zurück auf das frühe Hochmittelalter. Diese alte Handelsstrecke verband das Rheinland über Frankfurt am Main und Leipzig mit Schlesien. Doch nicht nur Händler und Pilger waren auf dieser Route unterwegs. Auch militärisch war die Via Regia von großer Bedeutung.

An der Brücke hält sich unser Rundweg nun links. Der gelben Markierung folgend geht es bis zur Straße an der Löbau zurück. Wichtig: Es gibt hier zwei gelbe Wanderwege. Der untere Weg ist jedoch durch Bäume stark zugewachsen, daher führt diese Tour über den oberen gelben Weg. An der Bushaltestelle führt die Route rechts wieder auf ein Teilstück des Jakobsweges. Diesem folgt die Strecke bis zum Löbauer Wasser, dann am Fluss entlang, bis links ein kleiner Pfad auf die Gröditzer Schanze hoch führt. Hier oben bietet sich dem Wanderer ein fantastischer Blick ins Land und auf das Barockschloss.

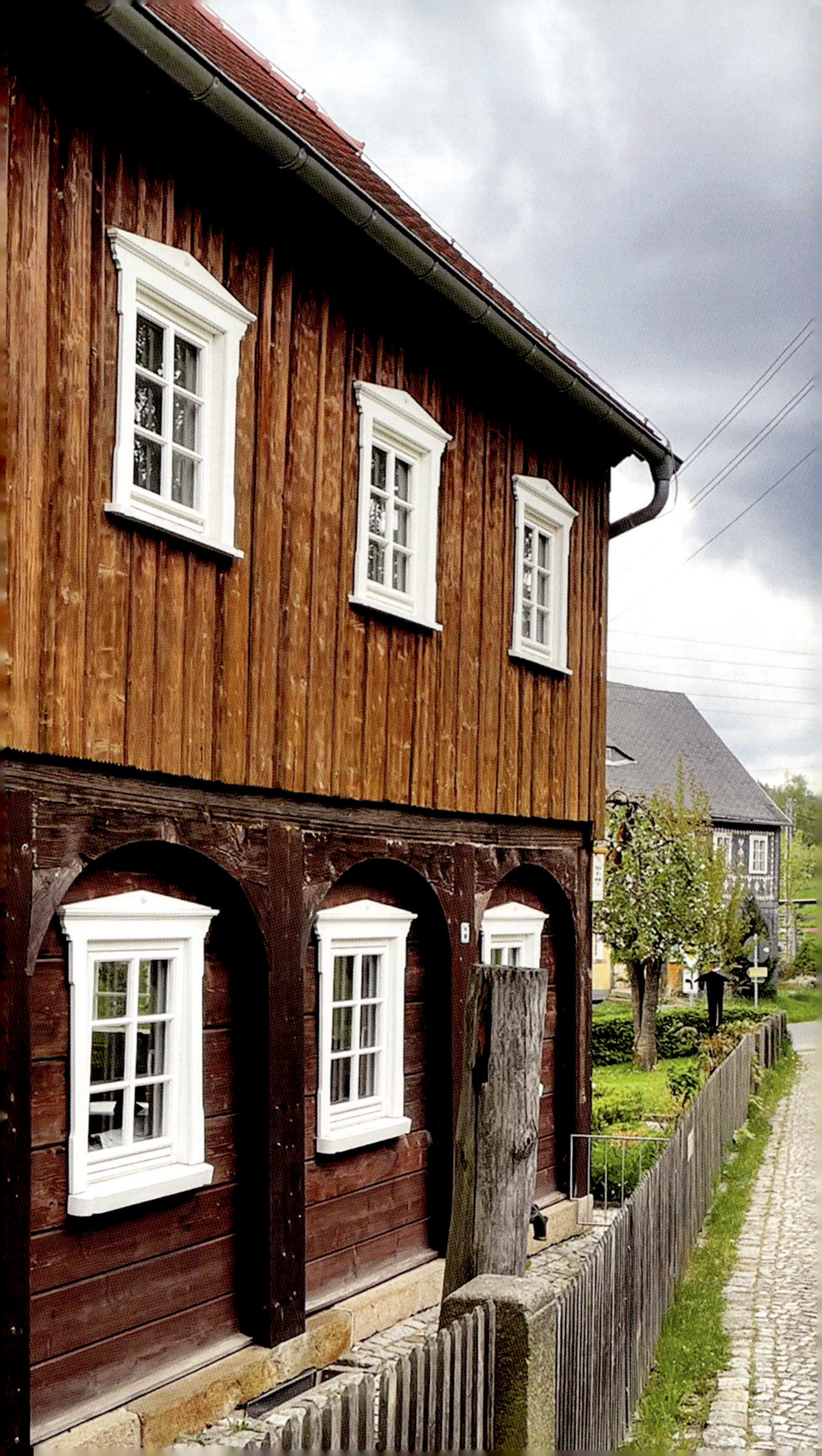

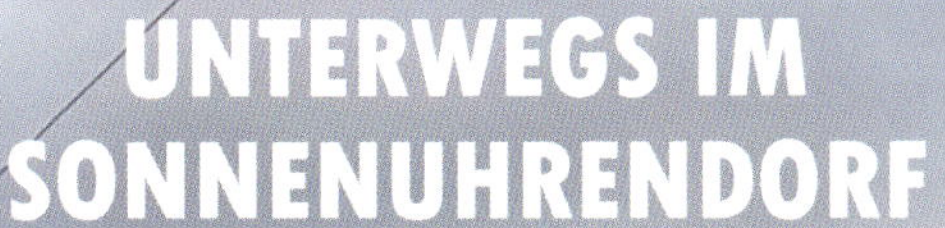

UNTERWEGS IM SONNENUHRENDORF

Auf einem Rundweg können Wanderer die Schätze von Taubenheim/Spree entdecken.

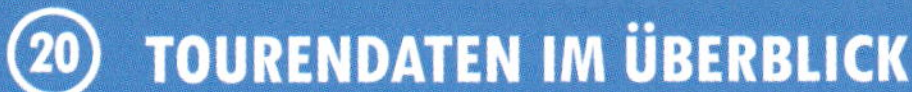

20 TOURENDATEN IM ÜBERBLICK

6,5 km | 2 h | leicht

300m üNN | 325m üNN

Mit dem Zug RB61 bis Taubenhain (Spree), Bahnhof

Es können auch geführte Touren gebucht werden; Kontakte unter www.sohland.de

Schmucke Umgebindehäuser prägen den Ort.

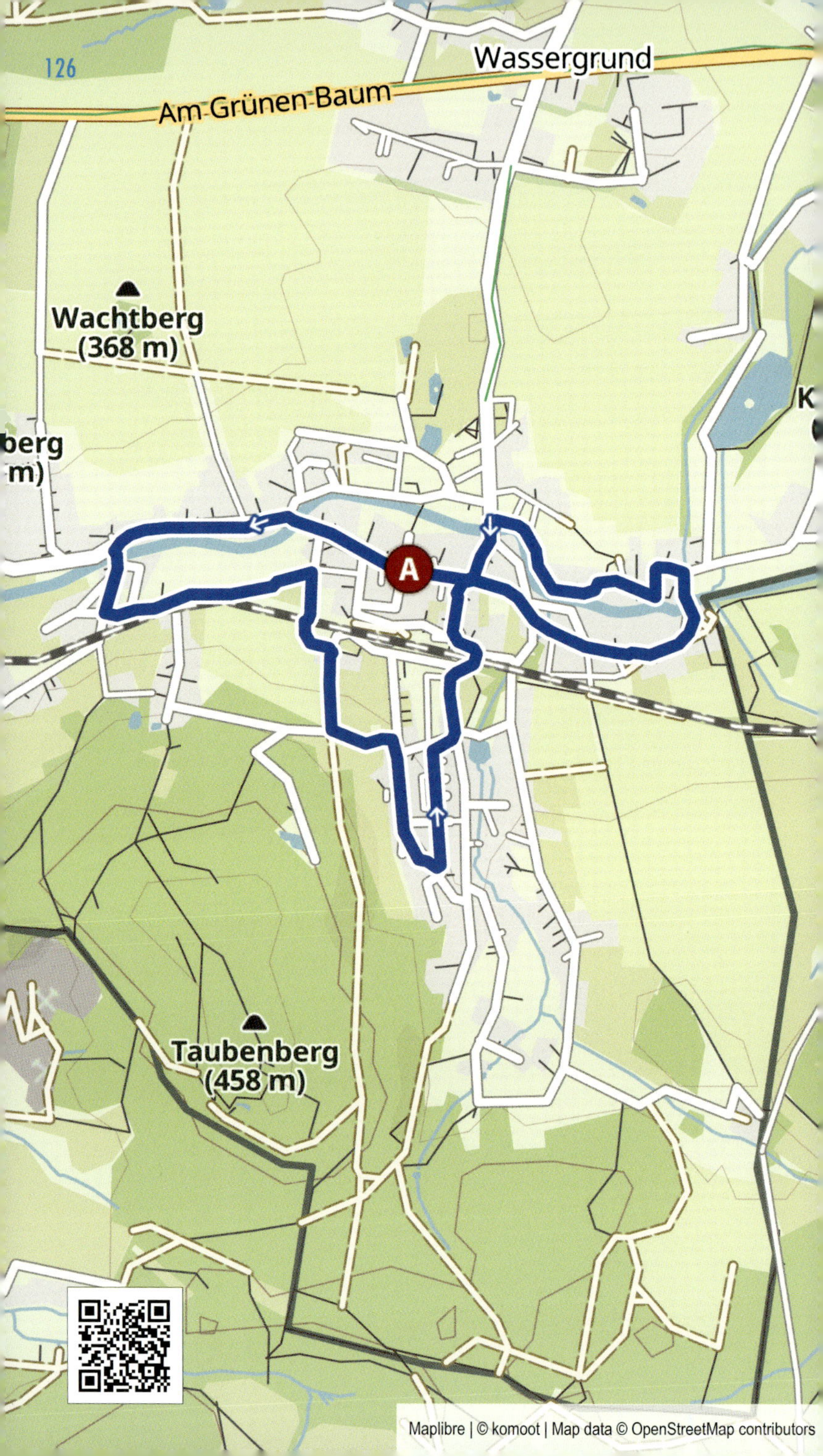
Wassergrund
Am Grünen Baum
Wachtberg
(368 m)
berg
m)
K
A
Taubenberg
(458 m)
Maplibre | © komoot | Map data © OpenStreetMap contributors

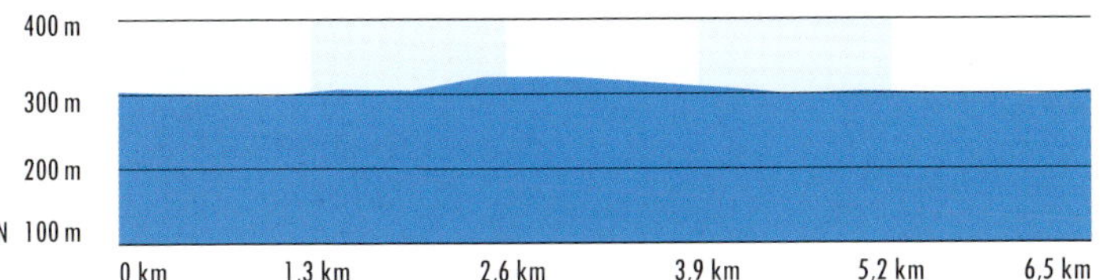

UNTERWEGS IM SONNENUHRENDORF

Sonnenuhren machen sich die Tatsache zunutze, dass der Schatten eines feststehenden Stabes im Tagesverlauf wandert: Je nach Sonnenstand fällt er auf einen anderen Teil des in Stunden eingeteilten Zifferblatts. Dieses Prinzip war schon in der Antike bekannt und wurde bis ins 19. Jahrhundert hinein allerorten für die Zeitmessung angewandt. Entsprechend groß ist die Vielfalt der Ausführungen, die sich im Material ebenso unterscheiden wie in Art und Umfang der Verzierungen.

Im Oberlausitzer „Sonnenuhrendorf" Taubenheim an der Spree sind gleich 44 sehenswerte Exemplare versammelt, zwölf davon aus der Werkstatt des ortsansässigen Grafikers Martin Hölzel (1908-1994). Sie schmücken Häuserwände, Giebel und Gärten und erzählen Geschichten von den Bewohnern dieser Anwesen. Am besten erkunden lässt sich die Uhrenpracht auf einem reichlich sechs Kilometer langen Rundweg, der individuell oder nach Anmeldung auch mit Führung gewandert werden kann.

Start und Ziel der kleinen Tour ist das Bürger- und Vereinshaus Taubenheim/Spree in der Sohlander Straße 31. Dort können die Wanderer auch schon die erste Sonnenuhr bewundern: ein Kunstwerk aus Granitstein, umgeben von

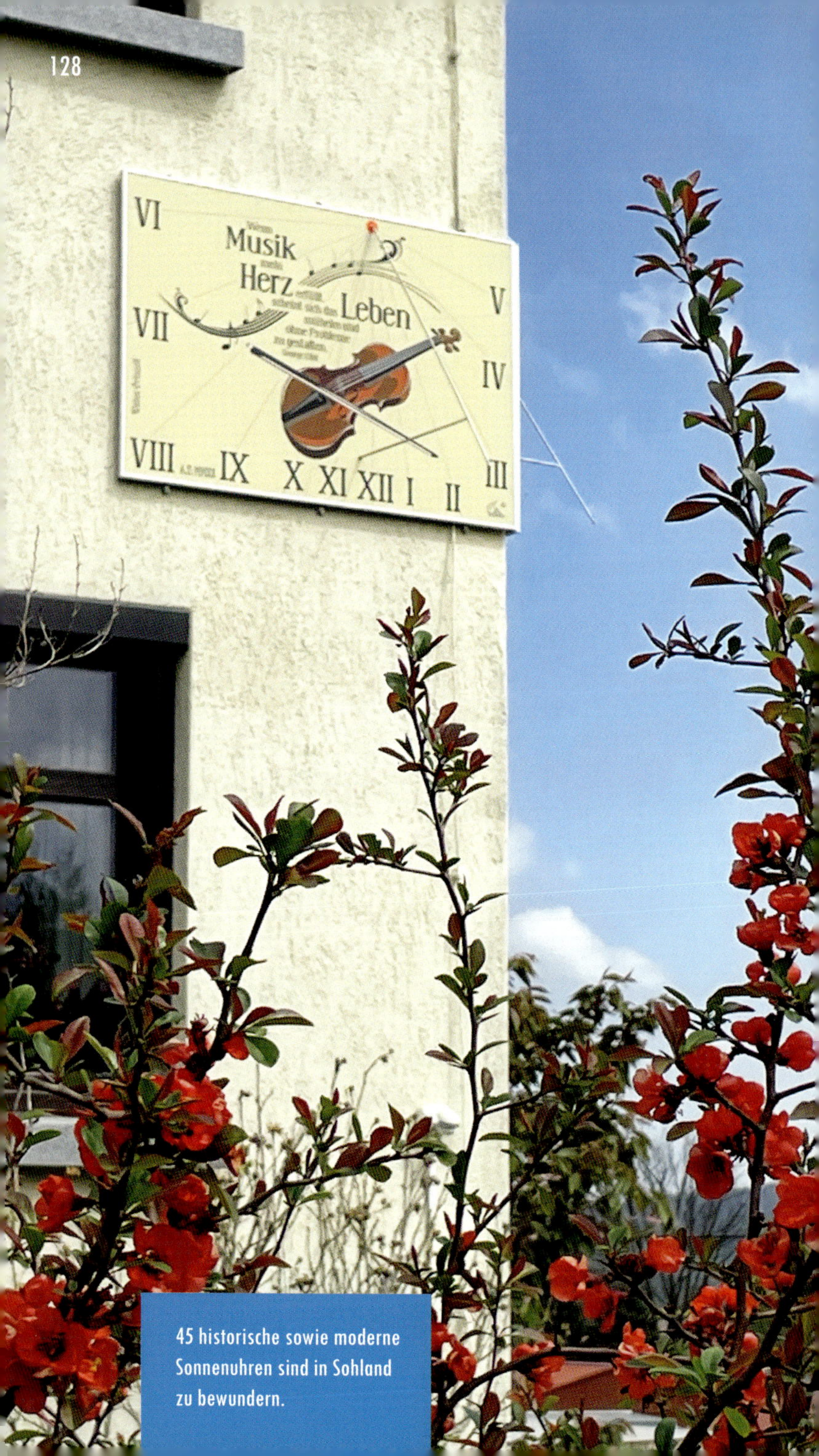

45 historische sowie moderne Sonnenuhren sind in Sohland zu bewundern.

gepflegten Anpflanzungen. Der Weg wendet sich auf der Sohlander Straße nach Westen und passiert im weiteren Verlauf zahlreiche Uhren und etliche schmucke Umgebindehäuser. Am Abzweig der Straße „Niederbrücke" geht es in südlicher Richtung weiter. Auf der anderen Seite des Flusses biegen die Wanderer links in den Spreeweg ein und folgen diesem bis zur Straße „Am Bahndamm", die in spitzem Winkel abzweigt. Unter der Bahnstrecke hindurch führt die Route abermals nach Süden und trifft auf die abbiegende Straße „Am Zimmerbeil".

An der Kreuzung wendet man sich nach links, um später rechts in die Straße „Am Viebig" abzubiegen. Auf dieser erreicht man die Albert-Schweitzer-Straße und geht diese bis zu ihrem Ende, wo sie in den „Doktorberg" mündet. Dort hält man sich rechts und biegt kurz darauf links in die Neutaubenheimer Straße ein. Sie führt über die Bahnschienen und nach links auf die Straße „Am Bahnhof". Die Route berührt die Sohlander Straße, schwenkt aber sofort rechts in den Zumpeweg ein, der wiederum in die relativ lange Oberdorfstraße mündet.

In weitem Bogen folgt die Route dieser Straße und biegt dann links in den Oppacher Weg ein, wobei sie erneut die Spree überquert. Der Weg verläuft parallel zum Fluss und stößt wieder auf die Sohlander Straße. Auf dieser hält man sich links und folgt ihr bis zum Ausgangspunkt der abwechslungsreichen Runde, die vor allem die historischen Sonnenuhren berührt. Wer mit offenen Augen durch den Ort geht, kann aber noch eine ganze Reihe weiterer Uhren entdecken.

Auch in dieser Reihe erschienen

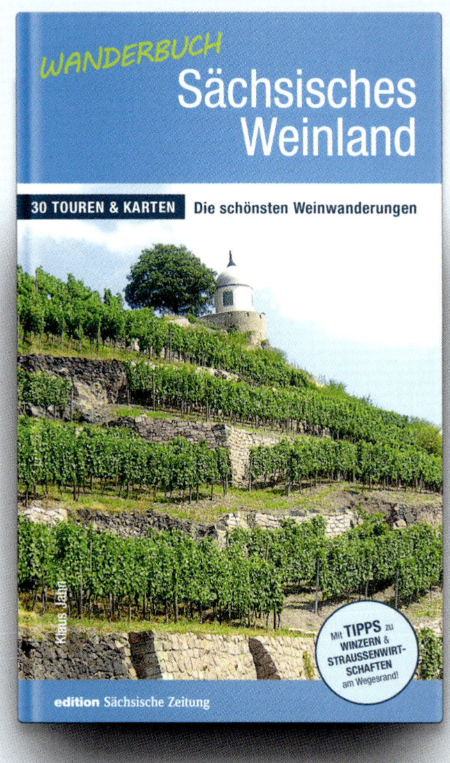

Erleben Sie genussvolle Wanderungen durch sächsische Weinanbaugebiete und lernen Sie Winzer und Straußenwirtschaften am Wegesrand kennen.

Auch in dieser Reihe erschienen

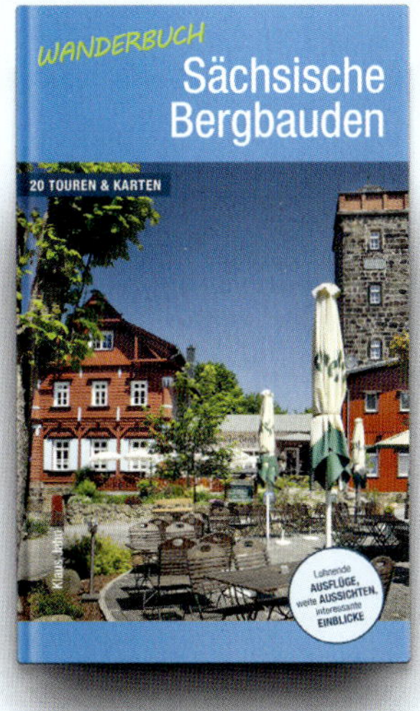

Entdecken Sie auf abwechslungsreichen Gipfeltouren nicht nur herrliche Aussichtspunkte mit Weitblick, sondern auch urige sächsische Bergwirtschaften.

ISBN 978-3-943444-74-2

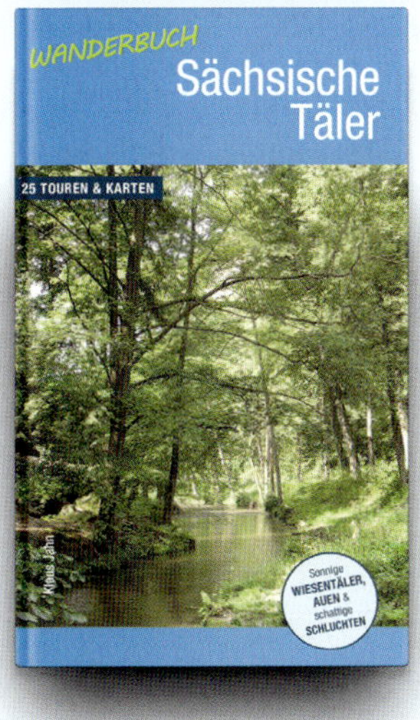

Streifen Sie durch sonnige Wiesentäler, Auen oder schattige Schluchten und genießen Sie den ganz eigenen Reiz dieser schönsten sächsischen Täler.

ISBN 978-3-943444-58-2

www.ddv-lokal.de

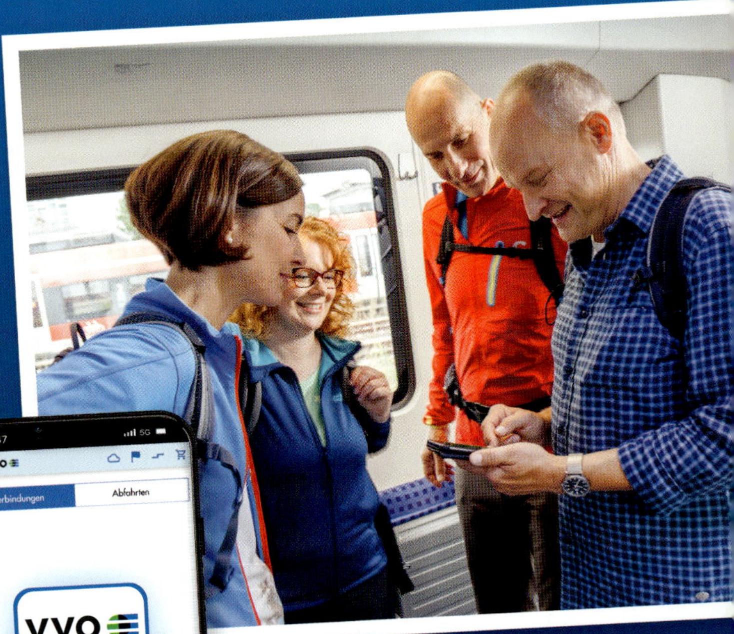

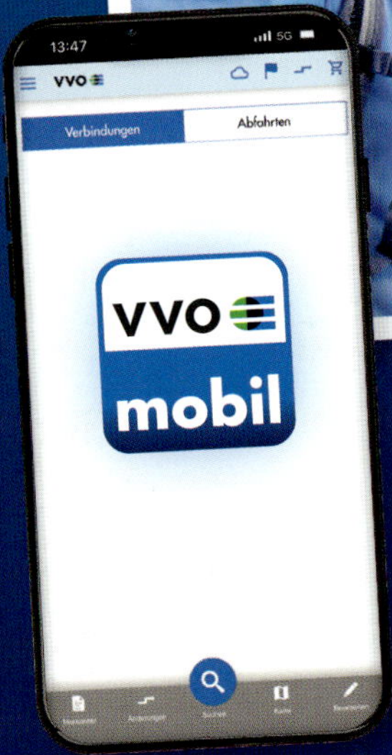

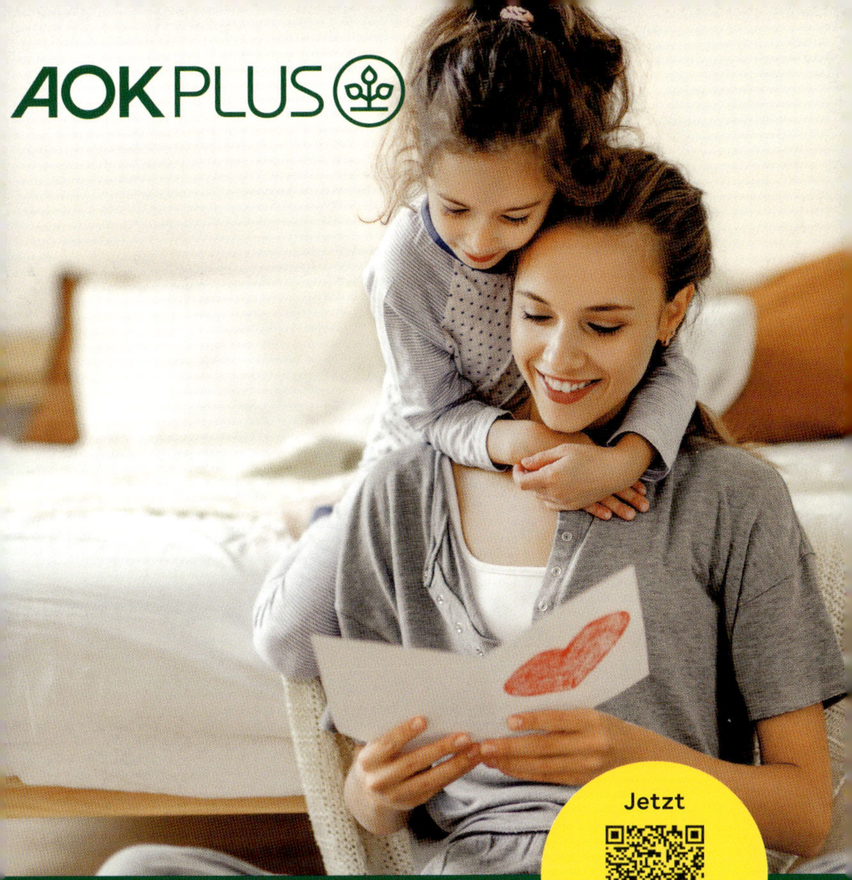

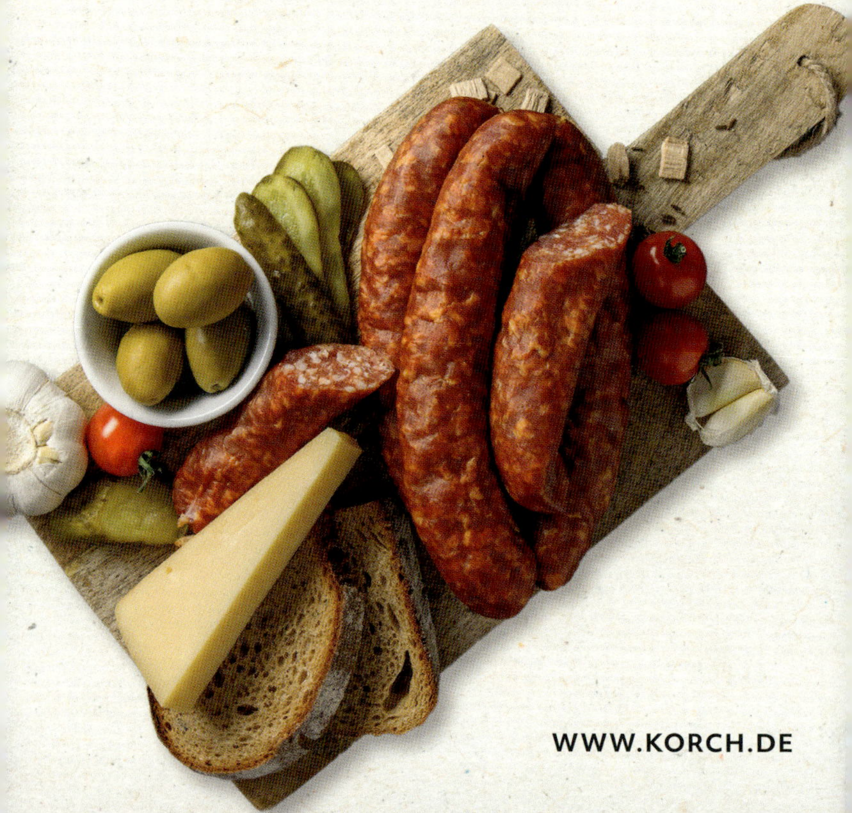

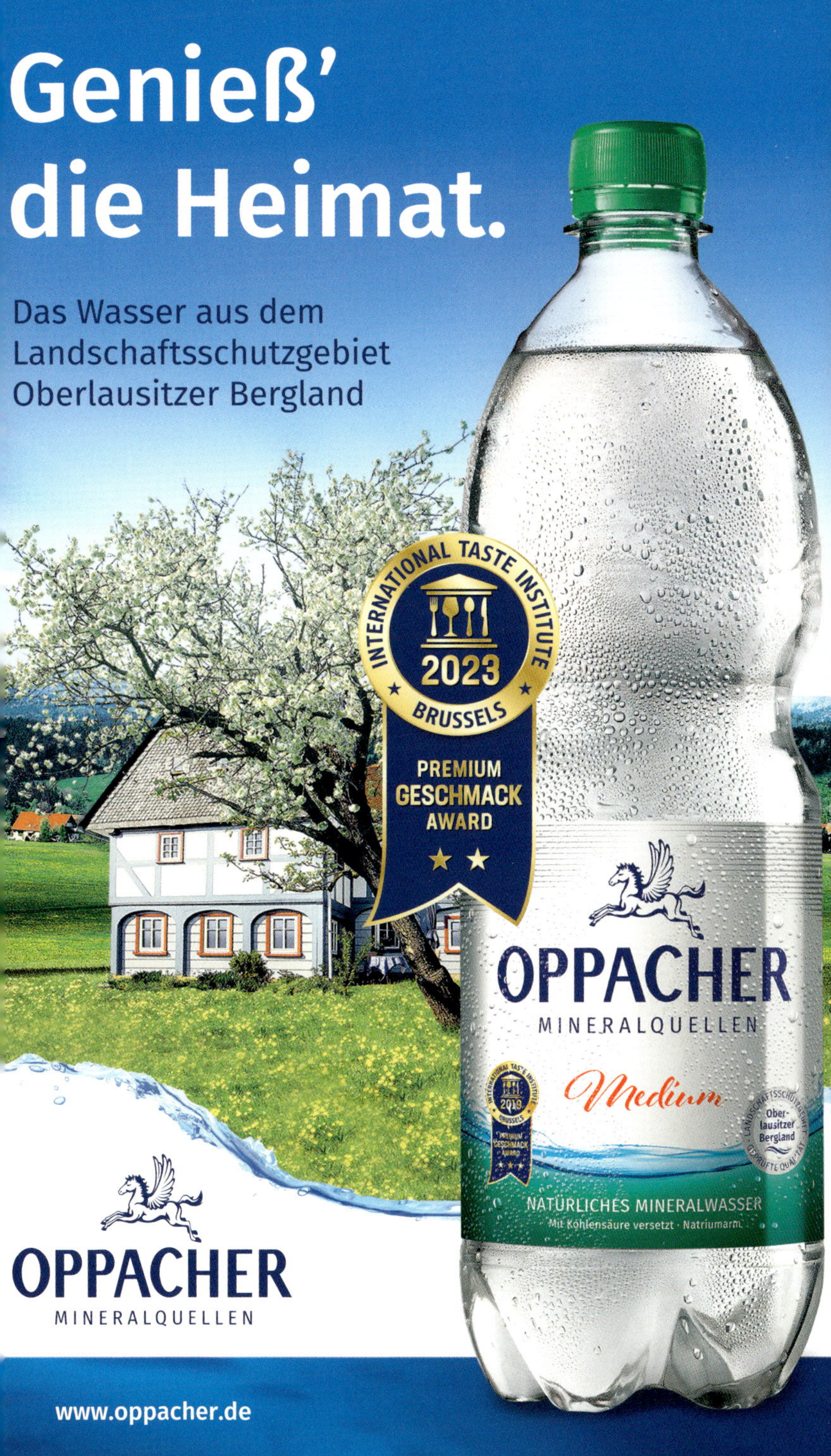

Genieß'
die Heimat.
Das Wasser aus dem
Landschaftsschutzgebiet
Oberlausitzer Bergland
INTERNATIONAL TASTE INSTITUTE
2023
BRUSSELS
PREMIUM
GESCHMACK
AWARD
OPPACHER
MINERALQUELLEN
Medium
Ober-
lausitzer
Bergland
NATÜRLICHES MINERALWASSER
Mit Kohlensäure versetzt · Natriumarm.
OPPACHER
MINERALQUELLEN
www.oppacher.de

IMPRESSUM

DDV Sachsen GmbH, Ostra-Allee 20, 01067 Dresden, www.ddv-edition.de

1. Auflage Januar 2024
Text: Silke Rödel, Jörg Ludewig, Birgit Hilbig (Tour 12)
Titelbild: Jörg Ludewig | Tour 16, Weg am Hankehübel
Bildnachweis: Fotos: Jörg Ludewig | Karten: komoot
Quellenverweis: Websiten der entsprechenden Ortschaften
Layout und Satz: Dipl.-Des. (FH) Anja Wilcke · www.productink.de
Druck: Graspo

ISBN 978-3-948916-30-5